SIEDELN UND LEBEN
AM RANDE DER WELT

SIEDELN UND LEBEN AM RANDE DER WELT

ZWISCHEN STEINZEIT UND MITTELALTER

VON DIRK MEIER

THEISS

Sonderheft 2003 der Zeitschrift »Archäologie in Deutschland«

Bibliografische Information Der Deutschen Bibliothek

Die Deutsche Bibliothek verzeichnet diese Publikation
in der Deutschen Nationalbibliografie;
detaillierte bibliografische Daten sind im Internet über
http://dnb.ddb.de abrufbar.

Umschlaggestaltung:
Atelier Jürgen Reichert, Stuttgart, unter Verwendung
einer Aufnahme von Wolfgang Kaehler/Corbis (Kirchenruine
in Hvalsø/Grönland)

Produktion: Verlagsbüro Wais & Partner, Stuttgart
Gesamtherstellung: Druckerei Himmer, Augsburg
Printed in Germany
ISBN 3-8062-1846-3

Inhalt

7 VORWORT

10 **AM RANDE DER ÖKUMENE: EXTREME LEBENSRÄUME**

14 **SCHNEE UND BERGE**

14 Zwischen Tal und Fels: Der Naturraum der Alpen

19 Bis in die Gipfel: Jäger und Sammler in den Alpen

23 Die Welt des Mannes im Eis: Frühe Nachweise alpiner Hochweidennutzung

27 Käse auf die Tafel: Almwirtschaft in der Römerzeit und im Mittelalter

32 Unter Schnee und Geröll: Katastrophen in den Alpen

35 **HIGHLANDS, FJORDE UND VULKANE**

35 Zwischen Loch Ness und Highlands: Siedlungen in Schottland

41 Zwischen Fjord und Fjell: Norwegen

44 Den Sternen nach: Über den Nordatlantik

45 Erste Sprungbretter: Inseln im europäischen Nordmeer und im Nordatlantik

49 Die Insel des Feuers: Island

52 Das Wagnis: Wikingersiedlungen auf Grönland

60 Zu neuen Welten: Leif Erikson entdeckt Amerika

63 **NORDSEE, FLÜSSE, SEEN UND MOORE**

63 Auf Pfählen: Siedlungen an Seen und Mooren

68 Zwischen Watt und Land: Erste Siedlungen in den Nordseemarschen

78 Und alles war vernichtet: Sturmfluten und Flussüberschwemmungen

87 Unheimliche Landschaft: Vom Mooropfer zur Moorkultivierung

90 **EXTREME UMWELTEN: NATUR- ODER KULTURLANDSCHAFTEN?**

92 Literatur

99 Glossar

102 Der Autor

102 Abbildungsverzeichnis

Vorwort

Das Verhältnis des Menschen zu der ihn umgebenden Umwelt gehört zu den elementarsten Fragen seiner Existenz. Vor allem in extremen Landschaftsräumen, wie den Hochalpen, den Nordseemarschen oder Grönland treffen die Gewalten der Natur und die Ansprüche des Menschen hart aufeinander. Eine vergleichende Archäologie dieser Landschaften steht erst am Anfang. Anlass, sich mit den extremen Umwelten zu beschäftigen, waren nicht nur fünfzehnjährige Ausgrabungen und Forschungen zur Landschaftsentwicklung und Siedlungsgeschichte des schleswig-holsteinischen Nordseeküstengebietes, sondern ein Vorfall, der schlimme Folgen hätte haben können. Als im Jahre 1942 mein Vater, Erich Meier, einen Urlaub in Tirol verbrachte, brach er bei einem Gebirgsaufstieg in eine Gletscherspalte ein und wurde erst nach zwei Tagen von Gebirgsjägern gerettet. Mein Großvater, Lehrer in Dithmarschen, brachte es auf die Formel: »Der du die Gefahren des Wattenmeeres kennst, gehst allein in die Berge.« Diesen Satz im Hinterkopf, begann ich mich stärker mit den extremen Landschaften zu beschäftigen.

Ein besonderer Dank geht dabei an die Außenstelle des Institutes für Hochgebirgsforschung der Leopold-Franzens-Universität Innsbruck. Mit Prof. Dr. Gernot Patzelt und Prof. Dr. Dieter Schäfer unternahm ich gemeinsam mit den Studenten des Institutes für Ur- und Frühgeschichte der Universität Kiel einige Wanderungen in die Gebirgswelt der Ötztaler Alpen. Dieter Schäfer stellte Bildmaterial für diesen Band zur Verfügung. In meinen Dank schließe ich Prof. Dr. Werner Meyer aus Basel ein, der mich mit seinen Untersuchungen hochmittelalterlicher Wüstungen der Schweiz bekannt machte. Gerne denke ich ferner an die von B. Mayer und Prof. Dr. Spindler 1997 veranstaltete Tagung zum Thema »Mensch und Umwelt im Mittelalter« in Friesach, Kärnten, zurück, die mir viele Impulse gab.

Für Bilder aus Grönland danke ich meiner Kollegin Jette Arneborg vom Nationalmuseum in Kopenhagen. Herzlicher Dank gilt Jürgen Beckedorf und Michael Herdick vom Theiss Verlag, sowie Anita Pomper und Hans-Jürgen Trinkner von Wais und Partner, die dieses Sonderheft zur »Archäologie in Deutschland« in kürzester Zeit ermöglicht haben.

Gewidmet ist dieser Band dem Landesarchäologen von Schleswig-Holstein, Prof. Dr. Joachim Reichstein mit Dank für langjährige, freundschaftliche Zusammenarbeit an der schleswig-holsteinischen Nordseeküste. Reichstein war es, der mir den Anstoß zu einer konkreteren Beschäftigung mit dem Hochgebirgsraum gab.

Wesselburen, im Sommer 2003

DIRK MEIER

Die extreme Umwelt des Hochgebirges, wie hier am Morteratsch-Gletscher in Graubünden, prägte die Wirtschaft der Menschen in den Alpen. Nachdem bereits während des Paläolithikums und Mesolithikums Jäger dem Wild bis an den Rand der hochalpinen Felsschuttzonen folgten, nutzten die Menschen seit dem Neolithikum die alpinen Hochweiden mit ihren Viehherden.

Am Rande der Ökumene: Extreme Lebensräume

Wenn wir im dicht besiedelten Mitteleuropa noch vereinzelt naturnahe Regionen finden, wie das Hochgebirge oder die Weite der Nordseewatten, tritt uns die Landschaft in all ihrer elementaren Kraft entgegen. Die Archäologie dieser extremen, durch die Naturgewalten geprägten Umwelten bietet faszinierende Einblicke in deren landschaftliche und siedlungsgeschichtliche Entwicklung. Seit Beginn seiner Existenz musste der Mensch sich gegen die Natur behaupten, allmählich versuchte er dann seine Umwelt gewinnbringender zu nutzen und schließlich zu beherrschen. Ausgehend vom Leben in der Savanne vor Millionen von Jahren bis zu den von lang andauernden Eiszeiten und kürzeren Warmzeiten geprägten Epochen der Altsteinzeit Mitteleuropas passten sich die Menschen immer wieder ihrer sich wandelnden Umwelt an und entwickelten Überlebensstrategien. Dies gilt ebenso für die Jäger und Sammler der Altsteinzeit, die auf ihren Jagdzügen dem entsprechend der Jahreszeiten wandernden Wild folgten, wie für die bäuerlichen Siedler der Jungsteinzeit, die mit ihrem Weidevieh die alpinen Hochweiden aufsuchten. Ebenso bestimmten extreme Umwelten die Siedel- und Wirtschaftsweise der Menschen: In den von Sturmfluten bedrohten Nordseemarschen errichteten sie Wurten oder Warften (Warfen) als künstliche Schutzhügel gegen das Meer, an den Ufern der Seen entstanden in der Jungsteinzeit und Bronzezeit Siedlungen auf Plattformen aus Pfählen. Die unzugänglichen Moore wurden als Opferplätze genutzt, denn hier deponierte Schätze waren vor dem Zugriff durch räuberische Banden sicher. Im Mittelalter gelang es dann, weite Moorgebiete durch Entwässerung in landwirtschaftliches Nutzland umzuformen. Über den stürmischen Nordatlantik drangen die Wikinger um 1000 n. Chr. von Norwegen bis nach Island und schließlich weiter bis nach Grönland vor und erreichten von hier aus sogar

Wie in den Alpen war auch das Siedeln in den Nordseemarschen und entlang von Flüssen nicht gefahrlos. Auch hier mussten sich die Menschen bis heute wandelnden Umweltbedingungen anpassen. Das Foto zeigt die katastrophalen Ausmaße einer Flussüberschwemmung der Ijssel in den Niederlanden.

Neufundland. Alle diese Beispiele zeigen die Konfrontation von Natur und Mensch unter extremen Bedingungen.

Geologische, archäobotanische und archäologische Untersuchungen extremer Umwelten werden in diesem Buch exemplarisch betrachtet. Die Ergebnisse zeigen, welchem Wandel die eng miteinander verbundene Landschaftsentwicklung und Siedlungsgeschichte unterlag. Eine Analyse der heutigen Ökologie dieser extremen Regionen ist nur unter Einbeziehung der historischen Dimension möglich.

Nicht nur zu vergangenen Zeiten musste sich der Mensch klimatischen Schwankungen und dem durch sie verursachten Vegetationswechsel anpassen, auch heute beschäftigt uns das Wetter. Intensiv wird diskutiert, in welchem Maße der Mensch zur Entwicklung des Klimas beiträgt. Geologische und archäologische Untersuchungen in den extremen Landschaften der Hochregionen der Alpen und Grönlands zeigen auf, dass das Klima lang- und kurzfristigen Entwicklungen unterlag. Eis- und Warmzeiten wechseln dabei in einem Rhythmus von etwa 100 000 Jahren. Während der Aufbau der Schneemassen sich nur langsam vollzieht, schmelzen die Gletscher bei wärmer werdendem Klima viel rascher. Durch das Abschmelzen der Gletschermassen an den Polen steigt der Meeresspiegel. Unabhängig von der Frage, wie präzise solche Prognosemodelle sind, ist unstrittig, dass klimatische Schwankungen unseren Lebensraum wandeln. Deshalb sind geologische, archäobotanische und archäologische Untersuchungen notwendig, denn sie liefern wichtige Beiträge zur langfristigen Umwelt- und Klimaentwicklung. So finden sich Nachweise klimatischer Schwankungen in Eisbohrkernen, Sedimenten, Baumringen oder Korallen.

Vor der industriellen Revolution war der Mensch von seiner Umwelt in einem weit größeren Maße abhängig als heute. Die vielschichtigen Mensch-Umwelt-Beziehungen werfen vor allem zwei Fragen auf: Welchen Einfluss hatte die Natur auf den Menschen, seine Siedlungs- und Wirtschaftsweise sowie Sozialstruktur? Und wie hat andererseits der Mensch, insbesondere seine Wirtschaftsweise, die Umwelt verändert? Bei einer flüchtigen Betrachtung extremer Landschaften würde man zweifellos dem ersten Faktor die entscheidende Bedeutung beimessen, würde den Mensch gar in alleiniger Abhängigkeit von seiner Umwelt sehen.

Um die miteinander auf vielschichtige Weise verbundenen Geofaktoren extremer Landschaften, wie Morphologie, Relief, Böden, Gewässer, Wasserhaushalt und Klima verstehen zu lernen, sind interdisziplinäre Untersuchungen notwen-

Bis in die Neuzeit stellen Sturmfluten eine Gefahr für den Menschen und seine Siedlungen in den Nordseemarschen dar. Hier die völlig umspülte Hallig Hooge.

Besonders harten Umweltbedingungen waren auch die Wikinger ausgesetzt, die um 1000 Grönland erreicht hatten. Hier die aus Steinen errichtete Wand eines Lagerhauses der sogenannten Ostsiedlung. (Ruinengruppe Ö 18).

dig. Hinzu treten Forschungen zu den biogenen Faktoren, wie Fauna und Flora sowie schließlich die Untersuchung der menschlichen Ansiedlungen einschließlich ihrer Lage, Struktur und Wirtschaft. Dieses ökologische System mit vielfachen Interaktionen unterliegt Wandlungen, wie sie etwa durch Klimaschwankungen oder durch den massiven Eingriff des Menschen in die Natur ausgelöst werden können. Nur der Mensch verfügt über die Fähigkeit, den Naturraum in eine künstliche Kulturlandschaft umzugestalten. So verschwand im Laufe der letzten 7000 Jahre mehr und mehr die natürliche Waldlandschaft Mitteleuropas. Die Gebiete, die wir heute als »Nationalparks« schützen, sind somit keine Reste der ursprünglichen Naturlandschaft.

Grundlage für die Herausbildung von Kulturlandschaften ist die wirtschaftende Tätigkeit des Menschen. Es waren in der Regel wirtschaftliche Notwendigkeiten, die den Menschen seit prähistorischer Zeit zwangen, bis an den Rand ihrer Ökumene und darüber hinaus vorzudringen. Inwieweit auch die extreme, als Natur empfundene Landschaft infolge menschlicher Siedel- und Wirtschaftsweise schon eine Kulturlandschaft ist, bleibt zu diskutieren. Auch stellt sich die Frage, ob etwa das Verhalten des Menschen und die Art seiner Wirtschaft in extremen Räumen miteinander verglichen werden können. Haben die Menschen in unterschiedlichen Gebieten zu gleichen oder anderen Zeiten ähnliche Überlebensstrategien entwickelt? Dass dabei innerhalb einer extremen Region die Unterschiede in der Siedlungs- und Wirtschaftsweise nicht groß sein mögen, liegt auf der Hand. Wie aber erfolgte die Auseinandersetzung mit der Natur in verschiedenen Räumen? Findet etwa die Transhumanz und Almwirtschaft in den Alpen Entsprechungen in anderen Gebirgsregionen? Man kann sich sogar fragen, ob etwa die Siedlungsweise in den von Sturmfluten bedrohten Marschen nicht ähnlich durch eine extreme Umwelt geprägt war wie die Anlage von Pfahlbausiedlungen an Seeufern oder von Almen in den durch Geröll- und Lawinenabgängen bedrohten Hochalpen.

Schnee und Berge

Zwischen Tal und Fels: Der Naturraum der Alpen

Die Erschließungsgeschichte der Alpen gehört zweifellos zu den faszinierendsten Kapiteln der Archäologie. So handelt es sich bei den Regionen der Hochalpen um eine Landschaft, die den Menschen durch extreme Umweltfaktoren immer wieder zur Anpassung seiner Wirtschafts- und Lebensweise zwang. Die Alpen trennen als höchstes Gebirge Europas in einem bogenförmigen Verlauf von Westen nach Osten auf einer Länge von 1200 km das klimatisch rauere Mitteleuropa von der mediterranen Apenninenhalbinsel und bilden die Hauptwasserscheide zwischen Nordsee, Mittelmeer und Schwarzem Meer. Von den 180 000 km^2 der Alpen entfallen 72 500 km^2 (=40%) auf die Westalpen und 107 500 km^2 (= 60%) auf die Ostalpen. In den stärker aufgefalteten Westalpen, wo sich an der schmalsten Stelle mit dem 4807 m hohen Montblanc der höchste Berg Europas befindet, sind die Höhenunterschiede deutlicher als in den Ostalpen. Dort weiten sich die im Westen eng gestaffelten, teilweise über 4000 m hohen Gebirgsketten, und große siedlungsfreundliche Becken greifen in das Alpeninnere zwischen niedrigeren Gebirgszügen ein.

Gewöhnlich werden im weitesten Sinne die gesamten Alpen als »Hochgebirge« bezeichnet. Ein großer Teil weist jedoch keinen solchen Charakter auf. Das gilt vor allem für die großen Tal- und Beckenlandschaften in den Ostalpen, für große besiedelte und bewirtschaftete Gebiete auf flach geböschten Hängen und Terrassen sowie für Teile der Gipfelregion mit flach gewölbten Hochweiden (alpinen Matten). Zum Hochgebirge im eigentlichen Sinn gehören steile Wände und Grate der Fels- und Geröllregionen mit nur teilweise schütterer Pioniervegetation und starker Frostverwitterung im schneefreien Hochsommer. Diese Formen sind ebenso wie die Steinschuttmassen (Moränen) im Gletscherbereich und die Täler Folgen der Eiszeiten. Somit prägten die Klimaschwankungen des Quartärs die heutige Form der Alpen entscheidend.

An den Alpengletschern lassen sich die Klimaschwankungen besonders deutlich ablesen. Bei starken Schneefällen erfolgt ein rascher Abfluss der erzeugten Eismassen und der Gletscher beginnt sich auszudehnen. Da bei dieser Bewegung das Eis am Grunde des Gletschers mit fast der gleichen Geschwindigkeit wie an der Oberfläche über den Untergrund gleitet, kommt es zu entsprechend großen Reibungen. Nährgebiet der Gletscher ist die Firnregion mit dauernder Schnee- und Firnbedeckung und Frostverwitterung. Neben der Höhenlage bestimmt auch die regional unterschiedliche Niederschlagsmenge Dichte und Dauer der Schneedecke. Je höher man kommt, desto höher ist auch der prozentuale Anteil des Schnees am Gesamtniederschlag. Dieses Anwachsen geschieht beispielsweise in den österreichischen Alpen relativ gleichmäßig. In 1500 m Seehöhe fallen 46% des Niederschlags als Schnee, in 2000 m 59% und in 2500 m 72%. Je länger die Schneebedeckung dauert, desto kürzer ist die Vegetationszeit. Die Gletscher führen zahlreiches Gesteinsmaterial mit, das nach dem Schmelzen des Eises als Moränen zutage tritt. Am Rande der Gletscher treten Schmelzwässer aus, die am Ende des Gletschers aus mitgeführtem Material einen Schwemmkegel aufschütten. In den Alpen wurden auch die Talfor-

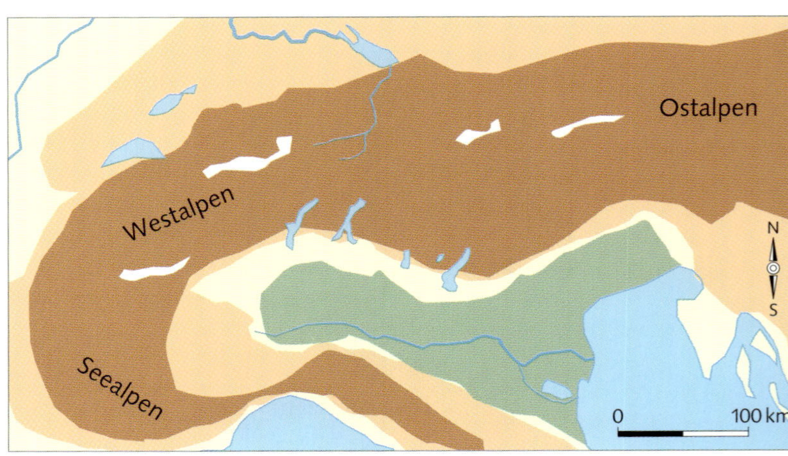

Die Alpen trennen als höchstes Gebirge Europas das klimatisch rauere Mitteleuropa von dem mediterranen Südeuropa.

Die Gletscher formten in den Alpen U-förmige Trogtäler aus. Hier ein Gletscher von der Spitze des Similaun aus gesehen, um 1941.

men vor allem durch die ehemaligen eiszeitlichen Talgletscher geprägt. Häufig entstanden Trogtäler mit einem im festen Fels ausgebildeten u-förmigen Querschnitt.

Die Ausdehnung der Alpengletscher variierte während der verschiedenen Eiszeiten. Auch die dazwischen liegenden Warmzeiten (Interglaziale) waren ebenso wie die Glaziale mehrfach in kältere (Stadiale) und wärmere Phasen (Interstadiale) gegliedert. In den Kaltzeiten brachten niederschlagsreiche Winter so viel Schnee, dass dieser in den kühlen trockeneren Sommern nicht abtauen konnte. An den Polkappen und in den Gebirgen häuften sich gewaltige Mengen von Eis an. In den Alpen dehnten sich Gletscher aus und füllten die Täler mit Eis. Nur die höchsten Gipfel ragten über die Eismassen heraus. So stießen während der Mindeleiszeit die Gletscher im östlichen Teil der Alpen am weitesten vor, im Westen war die Ausdehnung erst während der nächsten Kaltzeit, der Risseiszeit, am größten. Am deutlichsten sind im alpinen Bereich und in dessen nördlichem und südlichem Umfeld die Spuren der letzten großen Eiszeit, der Würmeiszeit, erhalten. Hier haben die Schuttmassen der Gletscher Moränen zu kuppigen Höhen aufgetürmt. Am Nordost- und Südostrand der Alpen drangen die Gletscher der Würmeiszeit nicht über das Gebirge hinaus vor.

Als Folge klimatischer Veränderungen unterlagen die Alpengletscher auch nach dem Ende der Eiszeit erheblichen Schwankungen. Rückzüge und Vorstöße der Gletscher wechselten einander ab. In trocken-warmen Perioden tauten die Gletscher, in feucht-kühlen wuchsen sie. Gletscher sind somit wichtige Klimaindikatoren, die großräumige Klimaschwankungen ebenso anzeigen wie lokale Veränderungen. So reagieren beispielsweise die Westalpengletscher und die Gletscher der Alpen-Randzone schneller auf Klimaveränderungen als die Gletscher des Alpeninneren und des kontinentaleren Ostens. Ebenso sind kleine und steilabfallende Gletscher schneller in ihren Reaktionen als große. Aus der Neuzeit sind beispielsweise drei große Gletschervorstöße bekannt, die in die Zeit um 1600, um 1820 und um 1850 fallen.

Während sich die Kaltzeiten durch Spuren der Gletscher, wie Moränen, Gletscherschliffe, Findlinge, Geröllschwemmfächer und Seen nachweisen lassen, zeigen sich Warmzeiten an fossilführenden Ablagerungen oder Absatzgesteinen, wie Sinter und Tropfsteine. Diese sind häufig schwierig nachzuweisen, da im Gebirge die meisten dieser Ablagerungen, wie Seetone, Torfe und Flusssande, in der folgenden Eiszeit durch die erosive Kraft der Gletscher beseitigt wurden. Nur in Höhlen konnte das Gletschereis nicht eindringen, sodass dort fossilführende Lehme, Tone, Sande aber auch Tropfsteine erhalten sind. Daher sind für das Hochgebirge Höhlen die wichtigsten Nachweise für die pleistozänen Warmzeiten. Anhand von Höhlenbärenresten lassen sich das relative und absolute Alter mit der Radiokarbonmethode fixieren. Die fossilen Pollenkörner erlauben Rückschlüsse zur früheren Vegetation und damit zum Klima. Das einstige Klima lässt sich auch anhand der Tropfsteinbildungen und Sinterablagerungen erkennen.

Die klimatischen Schwankungen beeinflussen auch die Vegetation in den Alpen. Das als Barriere wirkende Gebirge verhindert zum einen die Ausdehnung der mediterranen Vegetation nach Norden und andererseits, dass kalte Winde nach Süden gelangen. Während der relativ feuchte Norden große Mattengebiete aufweist, treten im Süden in gleicher Höhenlage im Sommer ausgedörrte Hänge mit inselartigem, aber üppigem Grünland auf. Nördlich des Alpenhauptkammes gedeihen alle mitteleuropäischen Kulturarten, die hier jedoch weniger hoch reichen als südlich davon. Je höher man steigt, desto geringer werden die Unterschiede in der Vegetation zwischen Alpennord- und südseite. Im Allgemeinen befindet sich die Waldgrenze in den Alpen etwa 700 bis 800 m unterhalb der klimatischen Schneegrenze. Diese Höhengrenzen für die Vegetation bilden jedoch keine starre Linie, sondern reichen unterschiedlich weit hinauf.

Der Naturraum hat die menschliche Siedel- und Wirtschaftsweise in den Alpen ebenso tief beeinflusst wie umgekehrt. Ferner bestimmen hochragende Gebirgskämme örtlich das Klima ebenso wie die Vegetation und die Möglichkeiten des Kulturpflanzenanbaus. Klima, Wind und Schnee, Neigung, geologischer Bau des Untergrundes, Niederschlag, Gewässer, Steinschlag, Muren und Lawinen sind somit – neben dem Menschen und seinen Wirtschaftsformen – gestaltende Faktoren der Landschaftsentwicklung.

Nicht nur in ihrer geografischen Verbreitung, sondern vor allem auch in ihrer vertikalen Höhe lässt sich die Vegetation in verschiedene Stufen und Grenzen einteilen. Die stärkste Differenzierung findet sich in tieferen Regionen, sie nimmt mit wachsender Höhe ab, um oberhalb der Baumgrenze von einer ziemlich einheitlichen Vegetation abgelöst zu werden. Unterhalb der heutigen Baumgrenze folgen nacheinander von unten nach oben gestaffelt die Hügelstufe (Colline Stufe) mit der Weingrenze, die Laubholzzone oder Bergstufe (Montane Stufe) mit der Untergrenze der reinen Nadelwälder und die subalpine Stufe. Oberhalb der Baumgrenze liegt die alpine Stufe mit der Matten- und Krummholzzone, deren Nutzung mit Weidevieh bis in die Jungsteinzeit zurückreicht. Oberhalb der Ausbreitung des alpinen Rasens beginnt die Felsschuttzone und der Bereich des ewigen Schnees (Nivale Stufe).

In den Kaltzeiten waren die Alpen vergletschert. Während dieser Phasen erlaubte der extreme Naturraum keine Anwesenheit des Menschen.

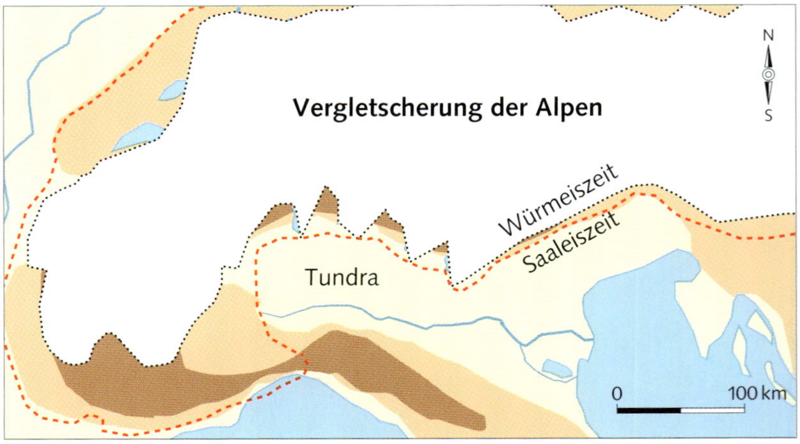

Die Gletscherzungen schoben, wie hier am Gurgler Ferner, Geröllschuttmassen (Moränen) vor sich her.

Seit jeher ist die Hügelstufe als klimatisch günstigste Höhenzone der Vegetation Hauptbereich der landwirtschaftlichen Nutzung. Die montane Stufe, von der Obergrenze des Weinanbaus bis zur Untergrenze der reinen Nadelwälder reichend, umfasst den Laub- und Laubmischwaldbereich mit Buchen, Eichen, Eschen, Ahorn, Linden, Weiden und Pappeln. Zur höher anschließenden subalpinen Stufe gehört die gesamte Region des Nadelwaldes bis zu seiner Obergrenze. Ihr wichtigster Baum ist die anspruchlose Fichte; in den tiefsten Lagen des Nadelwaldgürtels befinden sich vor allem Tannen. Durch ihre Höhenerstreckung, die mehr als 1000 m betragen kann, stellt die subalpine Stufe eines der beeindruckendsten Vegetationsbilder der Alpen dar. Im oberen Waldgürtel wachsen Lärchen und Zirben. Der Legföhrengürtel bis zur oberen Grenze des Krummholzes bildet dabei den Übergang zwischen subalpiner und alpiner Stufe. Die heutige Waldgrenze verläuft etwa parallel in einem Abstand von 100 bis 300 m oberhalb der eiszeitlichen Schneegrenze, während die rezente Schneegrenze etwa 700 bis 900 m höher als die jetzige Waldgrenze liegt. Die alpine Waldgrenze ist am niedrigsten an den kühlen, feuchten und schneereichen Rändern des Gebirges, insbesondere im Norden, Nordwesten und Südosten, wo sie sich zwischen 1500 und 1600 m hält. Gegen das kontinentalere Alpeninnere steigt die Waldgrenze auf über 2000 m an. Während der postglazialen Wärmezeit und in späteren trocken-warmen Perioden lag die Baum- und Waldgrenze höher als heute. Erneute kleinere Vorstöße der Alpengletscher, wie während der Kleinen Eiszeit um 1600, führten dann zu deren Rückgang.

Von der Baumgrenze bis zur Obergrenze des noch einigermaßen geschlossenen alpinen Rasens reicht die alpine Stufe, jener Raum, der mit

seinen Alpwiesen seit der Jungsteinzeit vom Menschen mit Weidevieh genutzt wurde. Die Vegetation der alpinen Matten bilden Alpenrosen und andere Weidearten, Silberwurz und Alpenazalee, Heidelbeergewächse und Heide. Höhenwärts verschwinden die Zwergsträucher allmählich im Rasengürtel der Alpmatten. Alpine Matten sind im Sommer vorzüglich naturgegebene Viehweiden. Durch jahrhundertelange Beweidung und Düngung ist diese Vegetation weitgehend umgestaltet worden, sodass man nicht mehr von einer reinen Naturlandschaft sprechen kann. So haben etwa die Alpenwiesen ihr ursprüngliches Aussehen verändert, da einige Pflanzen von den weidenden Rindern, Schafen und Ziegen anderen vorgezogen wurden. Dort, wo das Vieh weidete, wurde der Boden mit Nährstoffen angereichert. Auf diese Weise entstanden die alpinen Lägerfluren aus Almenampfer und Blauem Eisenhut.

Das Vieh weidete aber auch im Grenzbereich des Waldes, wo es nicht nur Gras und Kräuter abzupfte, sondern auch die jungen Bäume. Lärche und Arve wurden so in ihrem Bestand dezimiert, Grünerle und Fichte leicht gefördert. Als Folge der Beweidung wich die Waldgrenze insgesamt gesehen jedoch talwärts zurück. Für die Güte der Alpweiden spielen Faktoren wie Relief, Klima, Exposition und Boden eine besonders wichtige Rolle. Mergelkalke liefern die besten Böden, gefolgt von Glanzschiefer. Ungünstig sind hingegen kieselhaltige Böden auf Granit, Gneis und Grüngesteinen. So haben die teilweise feuchten Allgäuer und Karnischen Alpen mit ihren Mergel- und Schieferböden gute Almen, während die trockenen, verkarsteten Weiden der Julischen und französischen Alpen zu den schlechtesten gehören. Zur Vergrößerung der Weideflächen begann man schon früh, den Wald zu roden. Vom Berg her verschwand der Wald als Folge der Beweidung und der Rodung, von den Tälern aus rodete man ihn, um Äcker anzulegen. Der Rückgang des Waldes blieb nicht ohne Folgen für die Umwelt. Immer öfter konnten Lawinen den schmaler gewordenen Waldgürtel durchbrechen und bis in die Täler abgehen, wodurch ganze Dörfer unter den Schnee- und Schuttmassen begraben wurden.

Der Blick von der Similaunspitze vermittelt anschaulich, wie die Alpen in der Eiszeit ausgesehen haben könnten. Nur die höchsten Gipfel ragten aus den vergletscherten Bereichen hervor.

Bis in die Gipfel: Jäger und Sammler in den Alpen

Berge und Täler in den Alpen erhielten vor allem während dreier Eiszeiten und wärmerer Zwischeneiszeiten ihr heutiges Aussehen. Während der Kaltzeiten, zuletzt in der Würmeiszeit, bildete das gesamte Gebiet der Alpen infolge der Vergletscherung einen unüberwindbaren Raum. Für den Menschen dieser Zeit gab es in den Hochgebirgen keine Lebensmöglichkeiten. Es fehlte an allem, an jagdbarem Wild ebenso wie an Unterkünften, die ein Überleben in den langen Wintern sichern konnten. Nur in Zeiten wärmeren Klimas konnten Gruppen von Jägern und Sammlern während der älteren und mittleren Phase der Altsteinzeit (Paläolithikum) den Alpenraum aufsuchen. Auf ihren Jagdzügen folgten sie den großen Tälern und drangen von hier aus in die Berge bis an den Rand der Felsschuttzone vor. Während des Winters zogen sich die Jäger- und Sammlergruppen wieder aus den Alpen zurück. Höhlen dienten als vorübergehende Aufenthalte und zum Schutz vor den Unbilden des Wetters. Spuren solcher Aufenthalte beschränken sich auf wenige Höhlen im ostalpinen Säntisgebiet, des Schweizer Jura, der Steiermark und dem Toten Gebirge. Auch auf der Alpensüdseite sind zahlreiche Lagerplätze im Verlauf systematischer Geländebegehungen bis in Höhenlagen von 2000 m entdeckt worden. Viele Höhlen, wie das Wildkirchli, das Wildenmannlisloch und das Drachenloch, haben Funde des Höhlenbären geliefert.

Während der wärmeren Phasen des Paläolithikums suchten Menschen auf ihren Jagdstreifzügen den Alpenraum auf. Entlang der Täler stießen sie nicht nur ins Innere der Alpen, sondern auch in größere Höhen vor. In vielen Höhlen wurden Knochen von Höhlenbären gefunden:
1 Hartlesgabenhöhle;
2 Ramesch-Knochenhöhle;
3 Brieglersberghöhle;
4 Salzofenhöhle;
5 Schreiberwandhöhle;
6 Conturineshöhle;
7 Sulzfluhhöhlen;
8 Wildkirchli;
9 Wildenmannisloch;
10 Drachenloch.

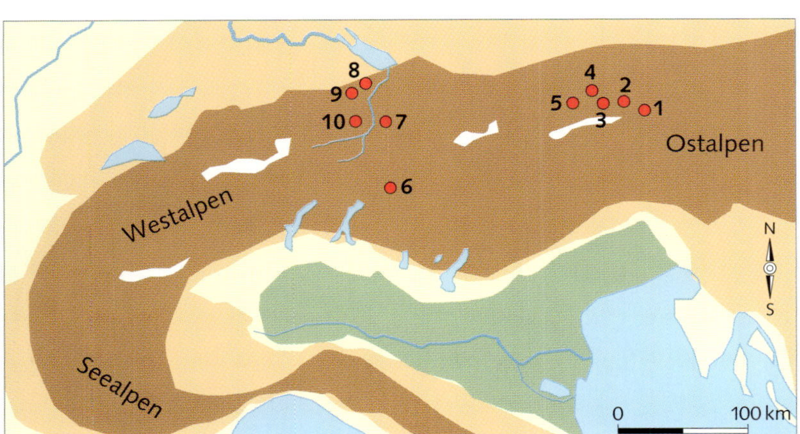

Das Drachenloch dürfte Radiokarbondaten zufolge bereits vor über 50 000 Jahren während der ausgehenden letzten Zwischeneiszeit und in den frühen wärmeren Perioden der letzten Kaltzeit (Würmeiszeit) aufgesucht worden sein. In dem auf 1700 m Höhe nahe der Waldgrenze gelegenen Wildkirchli im Kanton Appenzell am Säntis wurden neben Knochen von Höhlenbären auch zerschlagene Feuersteingeräte der mittleren Altsteinzeit gefunden. Nach den geschichteten Ablagerungen der Höhle datieren die Kulturreste in eine letzte kürzere Warmphase vor dem Höhepunkt der letzten Eiszeit vor 40 000 bis 30 000 Jahren. Die Vorliebe für den Höhlenbären als Jagdbeute lässt sich vielleicht auch dadurch erklären, dass dieser seinen Winterschlaf in den Höhlen hielt, wo er für die Jäger der Altsteinzeit mit ihren Holzlanzen eine relativ leichte Beute wurde. Weiteres Jagdwild waren für ausdauernde Jäger auch Steinböcke und Gämsen. In zahlreichen Bärenhöhlen der Alpen wurden neben oft massenhaft auftretenden Höhlenbärenresten, Knochen und Zähnen auch Steinwerkzeuge gefunden. Diese bestanden vor allem aus hartem Material wie Feuerstein, Bergkristall und Quarzit.

Nach diesen Befunden zu schließen, drangen die Jäger der Altsteinzeit somit bis in die hochalpinen Regionen vor. Bis vor kurzem beschränkten sich die Nachweise der menschlichen Nutzung von Höhlen vor allem auf solche nahe der Waldgrenze, wie dem Wildkirchli. Ausgrabungen in der 300 m oberhalb der heutigen Baumgrenze in einer verkarsteten Umgebung liegenden Ramesch-Knochenhöhle, die sich auf 2000 m im Toten Gebirge in Oberösterreich befindet, zeigten, dass diese Bärenhöhle mehrmals im Zeitraum zwischen 64 000 und 31 000 Jahren vom Menschen aufgesucht worden war. Zahlreiche Schaber aus Hornstein und Absplisse der Steingeräteverarbeitung dokumentieren deren Anwesenheit. Höhlenbärenfunde auf einer Höhe von fast 2800 m in einer heute vegetationslosen Umgebung in der Conturineshöhle in den Südtiroler Dolomiten belegen, dass das Klima zur Zeit der Höhlenbären viel wärmer als heute gewesen war. Diese Höhle wurde nach Ausweis von ausgefallenen Milchzähnen kleiner Bären auch im Sommer für den Wurf aufgesucht. Nachweise für die Anwesenheit des Menschen wurden hier nicht gefunden, doch dürften die altsteinzeitlichen Jäger diese Höhlen im klimatisch begünstigten Süden der Alpen noch leichter erreicht haben als die weit über der Baumgrenze liegenden Höhlen des Toten Gebirges und der Schweizer Alpen. Die wenigen Funde zeigen aber auch, dass der gegenwärtige Forschungsstand ein noch weitgehend durch Zufälle geprägtes Bild liefert.

Wie diese Lagerplätze belegen, durchstreiften die Menschen der mittleren Altsteinzeit auf ihren Jagdzügen den Alpenraum von den Flussniederungen der Täler bis in das Hochgebirge. Mammut und Nashorn lebten in den geräumigen Gebieten der Flusstäler und den Niederungen des Mittellandes. Aufgrund der Begleitfauna bekannter Stationen der mittleren Altsteinzeit war das Klima bereits kalt-gemäßigt bis - subarktisch. Die vorstoßenden und bisweilen wieder zurückweichenden Gletscher bedeckten dabei einen Teil der Jagdreviere und des Vorlandes. Mit Büschen durchsetzte und kräuterreiche Grassteppen herrschten bis zur schwankenden Schneegrenze vor und boten das ideale Gebiet für den großen Höhlenbären.

Nachdem am Beginn der letzten Kaltzeit, der Würmeiszeit, noch mehrere kürzere warme Perioden, die so genannten Interstadiale von Amersfoort 68 000 Jahre vor heute, Brörup 65 000 bis 61 000 Jahre vor heute und Odderade 61 000 bis 60 000/56 000 Jahre vor heute, noch genügend Lebensraum für Jäger und Sammlergruppen boten, vertrieb das kälter werdende Klima in der letzten Eiszeit, verbunden mit einer Ausdehnung der Gletscher, die Menschen aus der Alpenregion.

Erst in erneuten wärmeren Perioden am Ende der Würmeiszeit drangen wieder Gruppen von Jägern und Sammlern in diesen Raum vor. Sie gehören zeitlich in den jüngeren Teil der Altsteinzeit (Jungpaläolithikum) und damit zu einer neuen kulturgeschichtlichen Epoche. Archäologische, geologische und archäobotanische Untersuchungen zeigen, dass die frühen Jagdzüge am Ausgang der Würmeiszeit in den wärmeren Perioden, den Interstadialen des Bölling und vor allem des Alleröd, zwischen 11 000 und 8000 v. Chr. erfolgten. Dabei drangen die Menschen von den Sommeraufenthalten an den Rändern des Gebirges auf ihren Jagdzügen in das Innere vor. Träger dieser Kulturen war der den Neandertaler verdrängende Homo sapiens. Aus dem Wildbeutertum der Altsteinzeit mit Jagd, Fischfang und vor allem Sammeltätigkeit bildeten sich im Jungpaläolithikum Kulturtendenzen heraus, die zum höheren Jägertum und schließlich zum Pflanzer- und Hirtentum führten. Wirtschaftliche Basis der Jäger- und Sammlergruppen der jungpaläolithischen Kulturgruppen war vor allem die Jagd. Diese bestimmte Wirtschaft, Sozialstruktur und Geistesleben. Geräte und Waffen werden spezieller und ermöglichen besondere Jagdmethoden. Mit Speerschleudern jagten die Menschen Rentiere.

Im Unterschied zu den spanischen und französischen Höhlen gibt es in den Alpen keine Wandmalereien. Das mag damit zusammenhängen, dass sich die Jäger des Magdalénien nur während des Sommers im Gebirge aufhielten und ihnen die Höhlen daher nur als kurzfristige Unterkunft dienten. Kleinkunstwerke und verschiedene geritzte Darstellungen auf Knochen, Geweih und Stein sind jedoch aus Höhlen bei Schaffhausen bekannt.

Mit wärmer werdendem Klima änderte sich die Vegetation und die Rentiere verschwanden aus den Alpen. An Stelle der baumlosen Tundra

Die zunehmende Klimaerwärmung vertrieb die Rentiere aus den Alpen. Auch in Schottland verschwanden sie infolge der Beweidung und zogen sich immer weiter nach Norden zurück. Hier eine Rentierherde auf einem Schneefeld in Norwegen.

Der Ullafelsen im Fotschertal (links) war ein idealer Lagerplatz für die mesolithischen Jäger und Sammler. Von hier aus konnte man nicht nur das Tal übersehen, sondern auch Streifzüge in das Hochgebirge unternehmen.

und der Birken-Föhren traten nun immer dichter werdende Laub- und Nadelwälder. Die Menschen der mittleren Steinzeit, des Mesolithikums (8100 bis 3000 v. Chr.) sahen sich somit während der Warmphasen des Präboreals und des Atlantikums am Beginn der Nacheiszeit (Holozän) mit völlig veränderten Lebens- und Umweltbedingungen konfrontiert. Die Jagd auf Rentiere wurde jetzt durch den Fischfang, das Sammeln von Nüssen oder die Jagd auf Gämsen und Vögel abgelöst. Mit der Wiederbesiedlung der vom Eis frei gewordenen Areale durch Früchte tragende Bäume und Sträucher wurde die pflanzliche Ernährung vor allem mit Beeren und Nüssen erheblich erweitert.

Vom Präboreal (vor 10 200 bis 8700 Jahren) an begann sich die Vegetation im Norden und Süden der Alpen unterschiedlich zu entwickeln. In den Tälern der Südtiroler Dolomiten wuchsen in dieser Zeit Weißkiefern. Im Jura, im Mittelland, auf der Alpen Nordseite und im Wallis bildeten sich in den Tiefenlagen geschlossene Föhrenwälder (Kiefernwälder) mit Birken. In subalpinen Lagen lockerte sich der Wald in einer Kaltphase auf. Die Ansiedlung von Arten des Eichenmischwaldes und der Erle in den Tälern sowie der Weißtanne in der Bergregion führte zu einer allmählichen Umgestaltung des Waldes. In den Tälern der Dolomiten, im Schweizer Jura, im Schweizer Mittelland und auf der Alpen-Nordseite wuchsen nun zahlreiche Eichen, Ulmen und Linden. Die sich ebenfalls ausdehnende Hasel erreichte nach 7000 v. Chr. die subalpinen Regionen. Später drangen auch Ulmen und Linden über ihre heutige obere Verbreitungsgrenze vor. Im älteren Atlantikum (5500–4000 v. Chr.) erreichten die Eichenmischwälder auf der Alpennordseite, im Schweizer Mittelland und im Jura ihre größte Ausdehnung.

Die infolge des wärmeren Klimas erfolgte Wiederbewaldung der Alpen veränderte die Lebensumstände und Jagdweise der steinzeitlichen Menschen. Während sich Hirsche und Rehe in den Tälern vermehrten, ging die Zahl der Steinböcke zurück. Infolge der Ausdehnung gemischter Eichwälder waren die an alpines Grasland gewohnten Tiere gezwungen, sich in offene Bergregionen zurückzuziehen.

Die Anpassung an die neue Umwelt verdeutlichen Mikrolithen, kleinformatige Steingeräte. Mit Pfeil und Bogen ließen sich zahlreiche Vögel und Tiere erlegen. Entlang der Gewässer und Täler drangen neben altsteinzeitlichen auch mesolithische Jäger und Sammler in das Innere der Alpen vor. Möglicherweise sind jedoch in der Spätphase des Mesolithikums auch Gruppen aus den fruchtbaren, von Ackerbauern besetzten Regionen in das nördliche Alpenvorland abgedrängt worden. Als die älteste jungsteinzeitliche Ackerbaukultur, die nach der Verzierung ihrer Töpfe genannte Bandkeramik, den Bodenseeraum und den Raum um Basel erschloss, lebten im Schweizer Mittelland jedenfalls noch spätmesolithische Jäger und Fischer ohne Keramik. Während also in den fruchtbaren Gegenden nahe der Flüsse und Seen Menschen dazu übergingen, sesshaft zu werden und Ackerbau und Weidewirtschaft zu betreiben, hielten die Menschen in den extremeren Räumen an ihrer alten Lebensweise fest.

Auch die Nahrungsweise änderte sich entsprechend: Während die Seen und Flüsse in den Tälern gute Möglichkeiten für den Fischfang boten, gingen die Bewohner alpiner Höhenstationen vor allem auf Jagd nach Braunbären, Dachsen, Hirschen, Rehen und Wildschweinen. Dass auch höhere Regionen in die Ökonomie mesolithischer Jagdverbände miteinbezogen wurden, belegen Funde aus Höhenlagen zwischen 1100 m und 1800 m im Schweizer Jura und dem österreichischen Hochgebirge. Weitere vorgeschichtliche Höhenfunde sind aus dem Trentino sowie Süd- und Nordtirol belegt. Von der späten Altsteinzeit bis zum Mesolithikum konzentrieren sich die Funde auf zwei Höhenzonen: Von den 450 und 500 m hoch gelegenen Tälern führen die Jagdzüge in Höhen von 1000 bis 1600 m, einzelne Funde zeigen, dass sogar Höhen bis 2400 m erreicht wurden.

Rast- und Jagdplätze wurden selten zwischen Talzone und Höhenlagen angelegt, was auf die dichte Bewaldung zurückzuführen ist. Allerdings sind im Wald archäologische Prospektionen auch kaum möglich, ebenso wie in den von Schuttlawinen bedeckten Tälern. Aufgrund der enormen Schwierigkeiten beim Auffinden mesolithischer Fundstellen in den tieferen Tal- und Mittelgebirgsregionen Tirols infolge von Überdeckung durch Felsschuttmassen oder Flussablagerungen stammen unsere Kenntnisse von mesolithischen Jagdstationen in den Alpen vor allem aus den höheren Lagen, in Nordtirol beispielsweise aus Höhenbereichen zwischen 1500 und 2300 m Seehöhe. Diese hoch gelegenen Plätze dürften aufgrund ihrer extremen Lage nur im Frühsommer bis Herbst als jeweils kurzfristig genutzte Jagdstationen aufgesucht worden sein. Als Winterquartiere der Jäger dienten dagegen Bereiche der Nordtiroler Mittelgebirge und Täler, möglicherweise auch Gebiete südlich des Alpenhauptkammes in den Tälern Südtirols und Trentinos.

Ein typischer Fundplatz des Mesolithikums ist der 1860 m hoch gelegene Ullafelsen im hinteren Fotschertal in den nördlichen Stubaier Alpen. Ausgrabungen wiesen hier zwei 9700 bis 9800 Jahre (Radiokarbonalter vor heute) alte Feuerstellen nach, von denen eine noch die Reste einer Steinumgrenzung aufwies. An dieser Stelle, die 2000 bis 3000 Jahre vorher noch mit Eis bedeckt war, bearbeiteten mittelsteinzeitliche Jäger zahlreiche Steingeräte. Das Material besteht vor allem aus dem schwer zu bearbeitenden Bergkristall. Dabei deuten südalpine Gesteinsfunde auf Kontakte nach Trentino hin, andererseits lässt sich anhand spezieller Geräteformen auch ein deutlicher kultureller Einfluss aus dem Gebiet nördlich der Alpen erkennen. Einige Mikrolithen, wie Dreiecke, Mikrospitzen und bestimmte Messerformen, gleichen denen aus der mitteleuropäischen Kultur des Beuronien. Ebenso wie der Ullafelsen beweisen weitere mesolithische Höhenfundplätze aus den nördlichen Stubaier Alpen, dass die Menschen während des Mesolithikums nicht nur das Alpenvorland und die Täler aufsuchten, sondern auf saisonalen Zügen bis in die alpine Stufe vordrangen. Zwischen den mesolithischen Stätten der Talsohlen und den hoch gelegenen Jagdlagern bestanden enge Verbindungen. Jagdlager in den Tälern dienten wohl dem Überwintern der Gruppen und befanden sich oft unter Schutz bietenden Felsvorsprüngen in den Talsohlen.

Die niedrige Fundzahl von Steinbockknochen im Boreal deutet auf einen Wandel der Umwelt hin. Infolge des wärmer werdenden Klimas reduzierten sich durch den ansteigenden Waldgürtel die alpinen Grasflächen, wodurch den Steinböcken die Nahrung entzogen und deren Population dezimiert wurde. Mit dem Übergang vom warmtrockenen Klima des Boreals zum warmfeuchten Klima des Atlantikums vor 7500 bis 5500 Jahren zogen sich die mesolithischen Jägergruppen aus dem Gebirge zurück. Die Verschiebung der Waldgrenze nach oben veränderte auch das Jagdverhalten der letzten Jäger- und Sammlergruppen. In den Wäldern ging nun eher jeder Einzelne für seine Familie auf die Jagd, der Jagdverband verlor an Bedeutung. Das saisonale Aufsuchen der Gebirgsregionen ging schließlich mit einer wachsenden Sesshaftigkeit in den Tälern zurück.

Die Welt des Mannes im Eis: Frühe Nachweise alpiner Hochweidennutzung

Es war am Donnerstag, den 19. September 1991, als das Nürnberger Ehepaar Erika und Helmut Simon beim Abstieg von der Finailspitze zur Similaunhütte den Bergsteigerpfad verließ und in einer mit Gletschereis und Schmelzwasser gefüllten Felsmulde einen Aufsehen erregenden Fund machte. Mittlerweile liegen zahlreiche Publikationen zum »Mann im Eis« vor. Nach Radiokarbondatierungen lebte er etwa um 3350 bis 3100 v. Chr. Seine Existenz wirft ein schlagartiges Licht auf die Nutzung des Alpenraums in dieser Zeit und den folgenden prähistorischen Jahrhunderten. Was trieb Menschen bis in diese extremen Regionen?

Der Übergang zur bäuerlichen jungsteinzeitlichen (neolithischen) Lebens- und Wirtschaftsweise seit 5000 v. Chr. bedeutete eine umwäl-

Das Gebirgsdorf Vent gehört zu den am höchsten gelegen Dörfern Österreichs. Das Foto zeigt den Zustand des Ortes 1941. Die Waldgrenze wurde schon seit der Bronzezeit durch das Abbrennen von Bäumen zurückverlegt. Deshalb ist der rechte Hang im Unterschied zum linken ohne Baumbewuchs.

zende Veränderung der menschlichen Wirtschafts- und Siedelweise. Neolithische Siedlergruppen, die westwärts und ostwärts der Alpen vorbeizogen, brachten diese Wirtschaftsform aus dem Süden mit und drangen langsam in klimatisch günstige Alpentäler vor.

Über Jahrtausende hatten Menschen die Alpenregion mit ihren Tälern und Bergen vor allem für saisonale Jagdzüge genutzt, nun ließen sich erstmals Menschen in den Tälern der Alpen in bäuerlichen Siedlungen nieder. Während des Neolithikums beschränkten sich die Siedlungen vor allem auf die weit in das Alpenvorland reichenden maximal 600 m hoch gelegenen Trogtäler mit günstiger klimatischer Ausrichtung und guten Böden für den Getreideanbau, wie etwa die Siedlungen von Chur im Rheintal. Breite, von Flüssen durchzogene Täler ermöglichten nicht nur die Ausbreitung dieser neuen Wirtschaftsform, sondern bildeten gleichsam auch landwirtschaftliche, wenn auch erst nach der Rodung zu erschließende Gunstflächen. In den inneralpinen Bereichen war hingegen der Raum in den Tälern knapper bemessen. Reißende, noch nicht kanalisierte Ströme mit ihren Überschwemmungen sowie Berg- und Geröllstürze erschwerten das Leben in den Tälern und schränkten die wirtschaftlichen Möglichkeiten ein.

Während der Bronzezeit erfolgte dann in den inneralpinen Tälern eine weitere Verdichtung des Siedlungsbildes. Geländehindernisse können den Menschen kaum noch aufhalten. Bronzezeitliche Funde sind nicht nur auf die Täler beschränkt, sondern streuen bis in große Höhen und entlegene alpine Gebiete. Sie belegen die zunehmende Mobilität einer wachsenden Bevölkerung. So unternahmen etwa Hirten weite Wanderungen mit ihren Viehherden. Bei der Transhumanz folgt der Hirte dem Vieh auf die Hochweiden ohne bereits feste Almen mit Heuwirtschaft zu haben. In vorgeschichtlicher Zeit ist meist nur die Nutzung von Höhlen belegt. Da es nur oberhalb der Baumgrenze weite Weideflächen gab, blieb den Menschen nichts anderes übrig, als diese mit ihrem Vieh aufzusuchen.

Neben der Transhumanz trieb in der Zeit der Metallverarbeitung die Suche nach Rohstoffen den Menschen erneut in das Gebirge. So nahm in der späten Jungsteinzeit und der Kupferzeit vor 4500 bis 3900 Jahren die Besiedlung des Gebirges deutlich zu. Die ersten relativ weiträumig nachweisbaren menschlichen Eingriffe in die Vegetation des Waldgrenzbereiches erfolgten im Laufe des 4. Jt. v. Chr. Dem entsprechen zahlreiche archäologische Funde, die nicht auf die Täler begrenzt bleiben. In Südtirol etwa sind Funde bis zu einer Höhe von 3210 m belegt. Meist handelt es sich um Pfeilspitzen, Dolchklingen, Steinbeile, Steinhammeräxte und vereinzelt auch Kupferbeile.

In der Forschung werden drei Erklärungsmuster für diese Nutzungsintensivierung genannt: Die Beschaffung von Rohstoffen zur Metallverarbeitung, die Alpwirtschaft eines jahreszeitlichen Weidewechsels und der Alpen querende Verkehr.

Die Anwesenheit des Menschen im Hochgebirge hatte sicherlich in erster Linie ökonomische Gründe. Jagd, die Nutzung von Weideland und vor allem auch die Suche nach Erzen trieben die Menschen in die Hochlagen der Alpen. Auch Kultplätze oder Passheiligtümer wurden aufgesucht. Neue Güter und Ideen erreichten

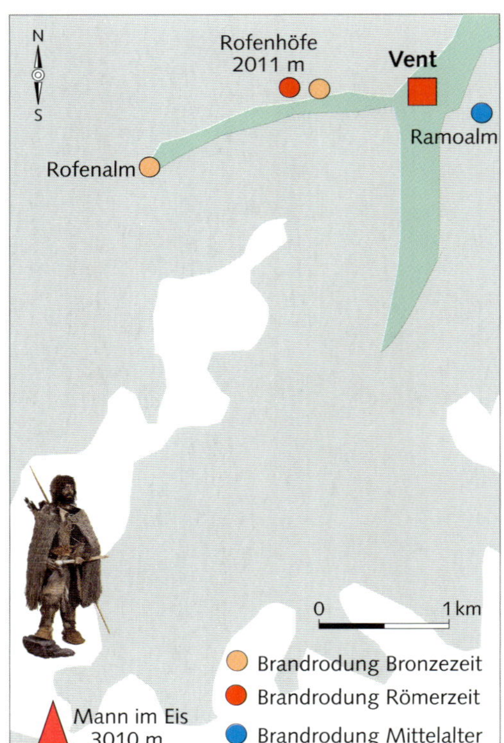

Oberhalb des Venter Tals und des Ötztals in Nordtirol wurde schon seit dem Neolithikum der Wald zur Erweiterung der Weideflächen abgebrannt.

Pollenanalysen von Mooren belegen eine Zunahme von Weideanzeigern in einem gleichen Zeitraum, in dem auch der Wald abgebrannt wurde. Prof. Dr. Gernot Patzelt erläutert das Pollenprofil eines Moores im Ötztal.

die voneinander getrennten Siedlungsgebiete. Das Ausmaß dieses interkulturellen Austausches hing dabei auch von der Schaffung leicht begehbarer Wege ab, die durch Täler und über Pässe verschiedene Siedlungsgebiete miteinander verbanden.

Zu den Innovationen des 2. Jt. v. Chr. gehören Höhensiedlungen in 1200 bis 1500 m Höhe. Von diesen Siedlungen aus ließen sich die hochalpinen Weiden und die Erzlagerstätten leicht erreichen. Die Höhenlagen wurden aus verschiedenen Gründen gewählt: Sicherheitsaspekte und die Furcht vor unberechenbar reißenden Gewässern, welche ganze Talsohlen überschwemmen und durch Geschiebe verwüsten konnten, waren dabei sicher ebenso maßgebend wie die Erschöpfung alter Siedel- und Wirtschaftsareale oder die Kontrolle von Wegen und Wegenetzen.

Die Nutzung der Weidegebiete war sicher nur ein Grund für die Besiedelung der Alpen in ihren höheren Lagen. So gründete sich das gesamte Wirtschaftssystem der Bronzezeit auf den Rohstoff Kupfer, das Ausgangsmaterial zur Herstellung von Bronzen. Der begehrte, in Lagerstätten kaum vorkommende Rohstoff gab somit einen wesentlichen Impuls für den Aufbruch in das Gebirge und die wirtschaftliche Nutzung alternativer Ressourcen. Der Erzbergbau bekam nach und nach eine immer größere Bedeutung. Mit dem Klimasturz um 800 v. Chr. kam diese Wirtschaftsform in den Alpen vorübergehend dann zum Erliegen.

Bei der Platzwahl der Siedlungen waren offenbar Verkehrslage, Weidegebiete und in bescheidenem Maße auch Ackerland ausschlaggebende Gesichtspunkte. Bei den archäologisch untersuchten Plätzen Südtirols, Österreichs und vor allem der Schweiz finden sich Siedlungen mit systematischer Bebauung in Form steinerner Pfostenhäuser von 30 bis 60 m² Innenfläche. Für feste Siedlungen sprechen vor allem die mit Öfen und wetterbeständigen Wänden ausgestatteten Häuser. Die Hausformen der Siedlungen sind innerhalb der Zentralalpentäler weiträumig vergleichbar. Zu den charakteristischen Bauelementen gehören steinverkeilte Schwellbalken, Pfostenbauweise, eine Steinumrandung sowie Trockenmauern. Das vielfältige Fundspektrum umfasst Lebensmittelvorräte ebenso wie Knochenreste von im Winter geschlachteten Haustieren.

Besonders auffällig ist die dichte Verbreitung der Höhensiedlungen im Engadin und im Vorderrheintal. Das Engadin ist ein in südwestnordöstlicher Richtung verlaufendes inneralpines Flusstal, dessen Sohle 1100 bis 1800 m hoch liegt. Eine Anpassung der Subsistenzwirtschaft dieser Siedlungen an die alpinen Gegebenheiten war somit unabdingbar. Mehrere Stufen und Engstellen schaffen im Tal verschiedene Siedlungskammern. An den engen Stellen des Tales wird der Fluss zum Wildwasser. Eine bequeme Wasserstraße zwischen Engadin und mittlerem Inntal war das nicht! An verschiedenen Punkten setzte mit dem Beginn der Bronzezeit die Besiedlung schlagartig ein. Dabei lässt sich eine stereotype Platzwahl beobachten. Bevorzugt wurden einzelne Berge zwischen alten Flussarmen oder an den Hängen liegende Felsformationen besiedelt. Mehrere dieser Höhensiedlungen lagen dabei in Sichtweite zueinander. Dort, wo günstige Flächen für Ackerbau und Viehhaltung herrschten, wurden die Siedlungen immer wieder neu überbaut. Zu den bis 1848 m hoch liegenden Höhensiedlungen sind teilweise Lagerplätze bis in eine Höhe von 2003 m nachgewiesen. Da sich auf dieser Höhe noch Wald befand, muss hier das Vieh wohl noch in den Wald getrieben worden sein. Da in der Umgebung keine Erze anstehen, erfolgte die Gründung dieses Lagerplatzes nicht zur Versorgung der Höhensiedlung mit Erzen. Im Unterengadin kontrollierten die Höhensiedlungen – ihrer Lage nach zu urteilen – die Zugänge zu den nach Süden und Norden abgehenden Passwegen. Da im Engadin keine Kupferlagerstätten anstehen, lässt sich keine auf die Ausbeutung von Rohstoffen zurückzuführende Landnahme begründen. Am Ende der Frühbronzezeit setzte dann auch im Engadin ebenso wie in anderen Teilen der Alpen eine Deponierung von Einzelobjekten aus Bronze ein.

Neben dem Engadin gehört auch das Vorderrheintal zu den Regionen in der Schweiz mit bronzezeitlichen Höhensiedlungen. Die frühbronzezeitliche Landnahme erfolgte auf 700 bis 900 m hohen Felsformationen mit Felsköpfen am Talrand und auf den nach Süden exponierten Terrassen der nördlichen Talflanke. Von der Höhensiedlung Crestaulta, in 1281 m Höhe am Terrassenrand über einer Flussverzweigung liegend, führen drei Pässe in das Tessin. Im Unterschied zum Engadin gibt es im Vorderrheintal Kupferlagerstätten, die allerdings nicht das Potenzial des östlichen Alpenraumes erreichen. Noch liegen keine gesicherten Erkenntnisse vor, die große Anzahl der gefundenen Bronzen deutet aber auf eine umfangreiche Metallverarbeitung hin. Die Bedeutung des Kupferabbaus für das Gebiet der Zentralalpen ist jedoch – im Unterschied zu den gut untersuchten Ostalpen – noch ungeklärt. Die bronzezeitliche Landnahme wird in den Zentralalpen jedoch auch in Tälern ohne bemerkenswerte Kupfererzvorkommen fassbar. Eher spezifisch scheint hier die Nutzung guter Verkehrswege gewesen zu sein. Ganz sicher hing aber im Vorderrheintal die Gründung von Siedlungen mit den Kupfervorkommen zusammen; hier lässt sich sogar von einer Kupferstraße sprechen. Die Menschen verstanden es, die Ressourcen zu nutzen. Hinweise einer bronzezeitlichen Nutzungsintensivierung in den Tälern und Höhenlagen der inneren Alpen finden sich an vielen Stellen.

Ausrichtung der Hänge, Hangneigung, Sonneneinstrahlung und Windeinfall waren wichtige lokale Faktoren bei der Anlage von Siedlungen. Die Ernährung der Menschen in den Höhensiedlungen und die Ausbeutung der Erzvorkommen förderte die landwirtschaftliche Erschließung der Alpenregion. Diese reichte, dank günstiger klimatischer Bedingungen während der Bronzezeit – die Schneegrenze lag wenigstens 200 m über der heutigen – nahezu bis an die Vegetationsgrenze. Nahrungsgrundlage für die Bergleute ebenso wie für die Menschen in den Höhensiedlungen bildeten vor allem Ackerbau und Weidewirtschaft.

Hinweise einer bronzezeitlichen Nutzungsintensivierung in den Höhenlagen der Alpen finden sich auch im Ötztal, einem sich in nord-südlicher Richtung erstreckenden Seitental des Inn, das von der Ötztaler Ache durchflossen wird. An mehreren Stellen sind bisher bronzezeitliche Landnutzungsmaßnahmen belegt. Die natürlichen, oberhalb der klimatisch bedingten Waldgrenze gelegenen Weideflächen umfassen mit 195 km² etwa 22% des Einzugsgebietes der Ötztaler Ache. Da das Gebiet von Süden her über den Alpenhauptkamm gut erreichbar ist, wurde hier vom Südtiroler Schnalstal aus bereits seit der Jungsteinzeit das Vieh auf die Nordtiroler Hochweiden des Venter- und Ötztals getrieben. Diese günstigen Voraussetzungen für die Hochweidewirtschaft machen den frühen Beginn und die in der Jungsteinzeit und Bronzezeit kaum unterbrochene vorzeitliche Weidenutzung der Hochlagen verständlich.

Die bronzezeitliche Landnahme der Alpen dürfte auch aufgrund der Besiedlungsdichte zir-

Im Vorderrheintal liegen auf Bergkuppen oder Terrassen am Rande des wichtigen Durchgangstals und seiner Seitentäler bronzezeitliche Höhensiedlungen.

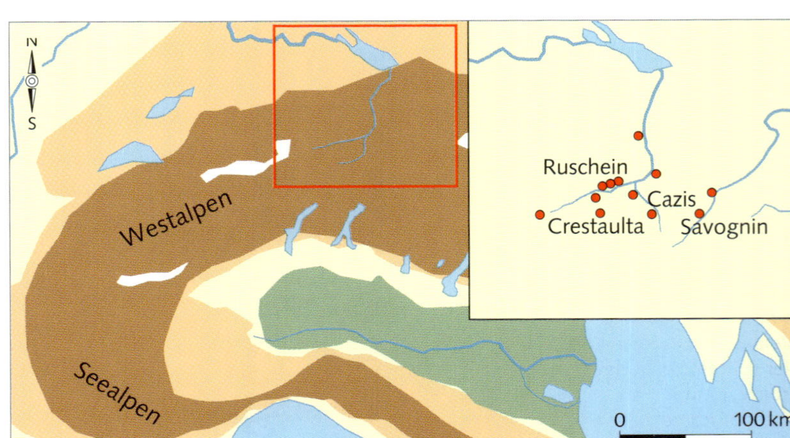

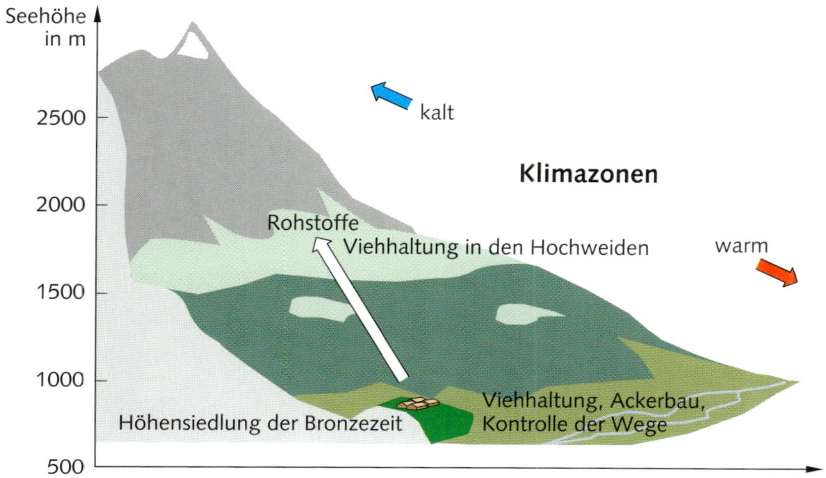

Verschiedene Gründe führten die Menschen von den Höhensiedlungen zu den Hochweiden. Die Dauersiedlungen blieben jedoch auf die warmen Täler beschränkt.

kumalpiner Räume erfolgt sein. Dass diese Landnahme erfolgreich war, ist erstaunlich, besonders weil die erste Siedelphase in eine Zeit ungünstigen Klimas fiel. Während der so genannten »Löbbenschwankung« vor 3300 bis 3150 Jahren dehnten sich die alpinen Gletscher wieder aus und die Waldgrenze rückte tiefer. Das kältere Klima hielt die Siedler jedoch nicht davon ab, sich auf 1200 bis 1500 m niederzulassen. Die Menschen konnten sich aufgrund ihres »Know hows« den klimatischen Schwankungen anpassen. Die nachfolgende Klimaerwärmung begünstigte dann eine weitere Nutzungsintensivierung in den Alpen.

Käse auf die Tafel: Almwirtschaft in der Römerzeit und im Mittelalter

Während in den Jahrtausenden zuvor der Alpenraum oft als bedrohlich empfunden wurde und man nur aus wirtschaftlichen Gründen in das Hochgebirge zog, setzte mit der Römerzeit eine neue Epoche der Nutzung extremer Regionen ein. Den Alpentälern kam durch ihre Transitfunktion jetzt große Bedeutung zu. Eine Analyse römerzeitlicher Siedlungen in den Tälern der Dolomiten ergab, dass neben dem Handel und dem Dienstleistungsgewerbe an Durchgangsstraßen Forstwirtschaft, Viehhaltung und Versorgungslandwirtschaft die Hauptpfeiler der wirtschaftlichen Tätigkeiten waren. Im Freien weideten Ziegen und Schafe sowie Schweine und auch einige Rinder. Zur Entlastung der Talweiden wurde das Vieh wie in der Jungsteinzeit und Bronzezeit auf die hoch gelegenen Weiden getrieben. Dies zeigen u. a. Untersuchungen auf dem östlichen Dachsteinplateau.

Den nordöstlichen Rand des Dachsteinplateaus bildet ein felsiger, über 1700 m hoher Kamm, zwischen dem sich eine passartige Senke erstreckt. Dicht unter der heutigen Grasnarbe wurden hier die Reste einer römerzeitlichen Almhütte ausgegraben. Die in einer Höhe von 1642 m in den Rotböden nachgewiesenen Steine dienten als Unterlage für einen kleinen höl-

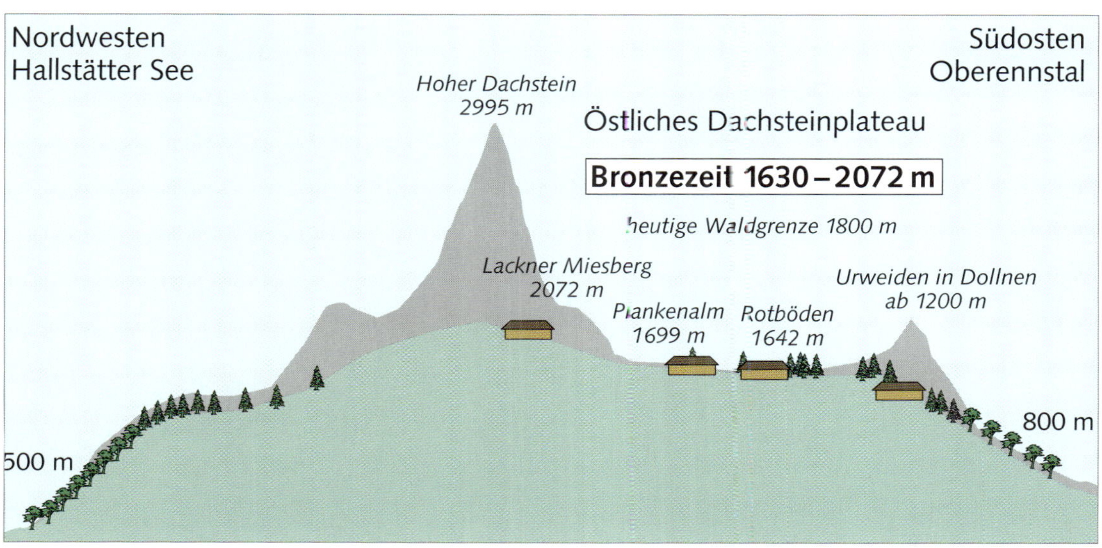

Das östliche Dachsteinplateau gehört zu den archäologisch gut untersuchten Hochweidegebieten in den Alpen. Die alpine Weidewirtschaft begann hier spätestens in der Bronzezeit und nahm während der Römerzeit und im Mittelalter deutlich zu.

zernen Blockbau. Im Inneren des vermutlich zweiräumigen Gebäudes befanden sich zwei Feuerstellen. Neben Keramik, eisernen Messern, Sohlennägeln und Weideglocken wurden auch zwei Münzen, ein silberner Antoninian des Probus und ein Antoninian des Claudius, gefunden. Sie deuten auf eine Nutzung der Alm etwa um die Mitte des 3. Jh. n. Chr. hin. Die nächstgelegenen römischen Fundstellen befanden sich weiter nördlich im Tal bei Heilbrunn und bei Bad Mitterndorf. Vom östlichen Dachsteinplateau schließlich stammen mehrere römerzeitliche Funde, die neben einer intensiveren Nutzung auch eine Almwirtschaft wahrscheinlich machen.

Die in Form von Speiseabfällen nachgewiesenen Tierknochen in den Rotböden deuten an, dass vor allem Ziegen und Schafe gehalten wurden. Strabon (Buch IV, 6.9., 206–207) belegt den Handel der alpinen Bevölkerung mit Harz, Pech, Holz, Wachs, Honig und Käse. Über die Almwirtschaft in den rorischen Bergen in der augusteischen Epoche berichtet Vergil (Virg. Georg. III, 474–481). Er nennt Weiden, die vorübergehend aufgrund einer Epidemie verlassen wurden. In den Städten des italischen Hinterlandes saßen mächtige Organisationen, so genannte centonarii, die Wollbearbeitung betrieben und kostengünstige grobe Stoffe herstellten.

»Limes latus pedes quattuor«, also »vier Fuß breite Grenze« steht auf einer steilen Nordwand am Monte Pergol im westlichen Abschnitt der Laoraikette in den Dolomiten, immerhin auf einer Höhe von 2019 m! Zusammen mit Höhenfunden ist dadurch eine Nutzung der Hochweiden belegt. In der Folgezeit wurden dann wieder Täler des inneren Alpenraums aufgesucht, die abseits der großen Verkehrsverbindungen lagen.

Im Hohen Mittelalter beginnt eine weitere Nutzungsintensivierung der extremen Alpenregionen, ausgelöst durch eine wachsende Bevölkerung und das Interesse des Adels und der Bischöfe an den Alpen. Der Druck auf die Hochweiden in den Hochalpen verstärkte sich überall dort, wo die Besiedlung in den Tälern an ihre Grenzen gestoßen war. Im Unterschied zur Transhumanz der prähistorischen Perioden setzt eine entwickelte Almwirtschaft einen regelmäßigen Auf- und Abtrieb des Viehs von den Talsiedlungen zu den zugehörigen Almen voraus.

Die eingeschränkten agrarwirtschaftlichen Möglichkeiten in vielen Tälern führten zur Nutzung der alpinen Hochweiden. Im Mittelalter ist die Almwirtschaft überall in den Alpen vorhanden. Auf die baulichen Reste von Almhütten war um 1700 Johann Scheuchzer gestoßen, die er dann in seinem Werk »Beschreibung der Naturgeschichten des Schweizerlandes« veröffentlichte: »Es fehlet aber nicht an überbleibseln eines alten Berggemäuers. In der Alp Müllibach Glarner Gebiets, sihet man doch jetzt und uralte, nach sonderbarer Bau-Art gemauerte, an den Felsen klebende Hüttlein, welche die Einwohner Heiden-Häusslein heissen, und wol sein können die ältesten rudera unseres Landes.«

Mit diesen Worten schildert Scheuchzer die Reste hochalpiner Siedlungen, auf die ihn sein Gewährsmann, der Glarner Pfarrer Johann Heinrich Tschudi aufmerksam gemacht haben dürfte. Es wird sich bei diesen Überresten um die gleichen Reste alter Almwüstungen gehandelt haben, die noch heute sehr zahlreich in den höheren Lagen des inneren Alpenraums angetroffen werden können. Viele dieser Almwüs-

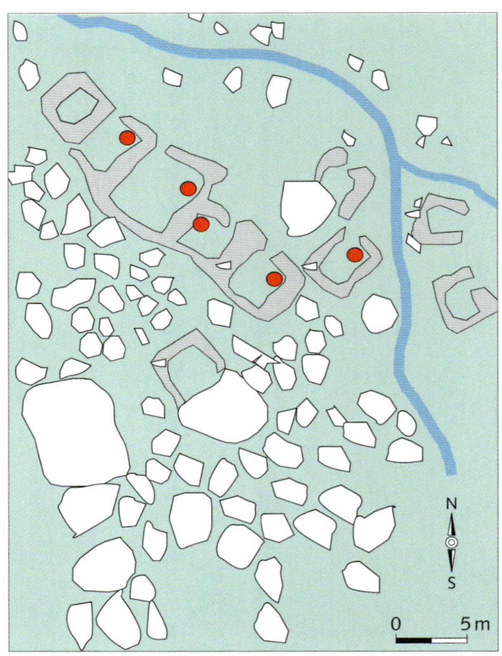

Die aus Geröll gebauten Einraumhütten der Alm Bergeten lagen innerhalb eines Bergsturzfächers.

Innerhalb dieses Bergsturzfächers auf der Charetalp-Spilpätz liegen geschützt durch die Felsen mittelalterliche Almwüstungen.

tungen tragen den Namen Heidenstäfli oder Heidenhüttchen, was allgemein als Hinweis für eine frühe Auflassung vor dem 15./16. Jh. gilt. Historische Quellen über das alpine Hirtentum mit seinem jahreszeitlich bedingten Auf- und Abtrieb des Viehs aus dem Tal in die höheren Lagen der Alpen sind bis in das späte Mittelalter spärlich. Hinweise finden sich allenfalls in Einkunftslisten geistlicher und weltlicher Grundherrschaft oder in Akten zur Schlichtung von Natur- und Nutzungsstreitigkeiten. Um 700 verschenkte Herzog Theodo von Bayern »alpes duas his nominibus Gauzo et Luduso ad pascuna pecudum«. Wir erfahren hier lediglich, dass zwei Alpen den Besitzer wechselten. Zur Organisation der Almwirtschaft im hohen Mittelalter geben die Schriftquellen jedoch kaum Auskunft und aussagekräftige Bildzeugnisse finden sich erst am Ausgang des Mittelalters. In herrschaftlich organisierte Güterkomplexe eingebundene »alpes«, wie etwa Graubünden, sind urkundlich seit karolingischer Zeit fassbar. Diese Erwähnungen erwecken den Eindruck einer bereits selbstverständlichen, alten Tradition. Seit dem Ende der Antike wurde Almwirtschaft von verschiedenen in den Alpenraum eingewanderten Siedlergruppen betrieben. Der dadurch entstandene Populationsdruck führte zu verschiedenen Migrationen, die in vorherige Leerräume drängten und eine Intensivierung des Landesausbaues auslösten. Ähnliche Vorgänge spielten sich in der gleichen Zeit bekanntlich in weiten Teilen Europas ab, doch bewirkte in den Alpen die Kargheit des Naturraums besondere, gebirgsspezifische Ausprägungen. Von dieser Kolonisationsbewegung wurden nicht nur die inneralpinen Hochtäler, sondern auch die waldreichen Zonen des nördlichen und südlichen Alpenvorlandes erfasst. Im Unterschied zu den Ostalpen gab es in der Schweiz kaum breite Täler mit fruchtbaren Böden, die eine größere Bevölkerung hätten aufnehmen können. Territorialmächte wie Habsburg zogen sich im Lauf des Spätmittelalters aus ihren Herrschaftsgebieten in der Schweiz zurück und überließen das politische Feld den kleinen Landesherren, Bischöfen, Freiherren und Grafen. Da kein landesfürstliches Interesse an einer Eingliederung des Schweizer Alpenraumes in ein größeres Territorium bestand, bildete der zentrale Alpenraum ein machtpolitisches Vakuum im wirtschaftlichen Abseits. Somit übernahmen vor allem Klöster, kleine Landesherrn und der lokale Adel den hochmittelalterlichen Landesausbau der Schweizer Gebirgsregion.

In den Hochtälern mit ihren marginalen Böden führte der Bevölkerungsdruck spätestens seit der Jahrtausendwende zur Bildung von Dauersiedlungen bis in Höhenlagen um 2000 m. Im Lötschental musste man schon im 10. Jh. in die unwirtlichen, nordexponierten und von Steinschlag (Rüfi) gefährdeten Schattenhänge ausweichen. Auf kargen Böden entstanden so die bevorzugten Siedlungsformen des Weilers und des Einzelhofes. Einzelne Nutzungszonen konnten weiträumig zerstreut sein oder kompakte Einheiten bilden. Manche Alpen befanden sich im Besitz auswärtiger Grundherren und dienten als Sommerweiden für das Vieh sowie zur Gebirgsjagd auf Gämsen und Steinböcke.

Anfänglich scheinen nur die natürlichen Graswuchszonen oberhalb der Waldgrenze genutzt worden zu sein, wo sich auch Reste der offenbar ältesten Alpstafeln befinden. Die intensive Nutzung des Gebirgswaldes durch das Vieh, vor allem durch Ziegen, beschleunigte noch den Rückgang des Waldes. Reste mittelalterlicher Almen sind sowohl in der Schweiz als auch in Österreich untersucht worden. In den höher gelegenen Regionen des Schweizer Alpenraumes – das heißt zwischen ca. 1600 und 2000 m – finden sich zahlreiche Überbleibsel einstiger Almsiedlungen. Es handelt sich dabei vorwiegend um die Reste von Trockenmauern, die sich zu Gebäudegrundrissen und Pferchsystemen ergänzen lassen.

Untersuchungen auf Almen in den Kantonen Uri, Schwyz, Obwalden, Glarus und Wallis zeigen, dass die Lage der Siedelplätze und Einzelhütten immer sorgfältig und umsichtig gewählt wurde. Je nach Situation achtete man auf natürlichen Schutz vor Stein- oder Blitzschlag, Lawinen oder Überschwemmungen und wählte Plätze, die erfahrungsgemäß im Frühling zuerst eisfrei wurden. In steinschlag- und lawinengefährdeten Gebieten baute man die Häuser am talseitigen Rand alter Bergsturzfächer oder im Schutz eines mächtigen Sturzblockes. Wo natürliche Schutzschilde fehlten, errichtete man, wie erstmals in Giättrich im Lötschental für das 13. Jh. bezeugt, einen künstlichen Lawinenkeil oberhalb des zu schützenden Baus. Bis in das 14. Jh. ist auf den Schweizer Alpen ausschließlich die Einraumhütte mit quadratischem, längsrechteckigen und unregelmäßigem Grundriss belegt. In separaten Räumen, oft in Höhlen und Balmen (Halbhöhlen) wurden Milch und Milchprodukte gelagert. Steinplatten fassten die Feuerstellen ein. Manche Bauten aus hochmittelalterlicher Zeit fallen durch ihre ungewöhnliche Mauerstärke von etwa 2 m auf. Nach den die Häuser überdeckenden Schuttmassen zu schließen, handelt es sich wohl um Überreste von Bauten mit einem Kraggewölbeabschluß (Trullo), die zur Lagerung von Milchprodukten dienten.

Zu den gut untersuchten mittelalterlichen, hochalpinen Siedlungen gehört die Alm Brächalp-Bergeten ob Braunwald im Kanton Glarus. Sie dehnt sich auf einer Höhe von 1600 m oberhalb der zweifellos vom Menschen tiefer gelegten Baumgrenze aus. Gegen Westen erhebt sich die Felszone der Lägerwand. Die davor liegende Terrasse bedecken Bergsturzmaterial, Gehängeschutt und Moränen. An verschiedenen Stellen des Karstgebirges treten Quellen aus. Zwischen den Schuttmassen eines Bergsturzfächers befanden sich hier in geschützter Lage mehrere aus Bruchsteinen errichtete Almhütten, die schindelgedeckte Pult- oder Satteldächer aufgewiesen haben dürften. An ihrem Nordrand berührte ein Bach die letzten Ausläufer des Bergsturzfächers. Im Umkreis dieser Almen lagen weitere Siedelplätze. Viehhaltung und Milchverarbeitung während des Sommerhalbjahres dürfte hier die Hauptbeschäftigung der archaisch lebenden Bewohner gewesen sein. Nach den Feuerstellen der Häuser zu schließen, gab es auf der Brächalp sechs Sennereien. Anhand der archäologischen Funde und der Radiokarbondatierungen von Holzresten lässt sich die Almsiedlung auf einen Zeitraum zwischen dem späten 12. und dem frühen 15. Jh. datieren, wobei das Schwergewicht der Siedlungsaktivitäten im 13. und 14. Jh. lag. Bei der Aufgabe der letzten Bauten um 1500 nahm man alles brauchbare Material mit.

In Ämpächli, im Schweizer Kanton Glarus, sind aus Bruchsteinen mittelalterliche Almhütten errichtet worden.

Historische Überlieferungen lassen seit dem hohen Mittelalter eine Nutzung der Alpweiden in diesem Gebiet erkennen. Bereits für das 13. Jh. bezeugt eine Urkunde die Zusammengehörigkeit von Tal, Berg und Alp im Glarner Hinterland. Rechte und Pflichten des Einzelnen hielten zahlreiche Bestimmungen fest. Der älteste Glarner Alpbrief stammt von der Alp »Müllibach und Uebellis« im Sernftal und datiert in das Jahr 1416. Zahlreiche Hüttengrundrisse in Bergeten, teilweise mit eigenen Feuerstellen, sprechen für eine Mehrzahl kleiner Sennereibetriebe. Weitere Informationen, ob etwa eigenes oder fremdes Vieh auf der Alp Bergeten weidete, lassen sich dem Urbar nicht entnehmen.

Bis ins 14. Jh. dienten die Alpwiesen vor allem für Schafe und Ziegen als Sommerweide. Die Alpwirtschaft mit Schafen, unterstützt durch die Verwertung von Ziegenmilch zur Selbstversorgung, benötigte keine größeren Lagerräume. Entsprechend besaßen die hochmittelalterlichen kleinen Einraumbauten auch keine zusätzlichen Räume für die Einlagerung von Milch und Milchprodukten. Für die geringen Produktionsmengen reichten kleine, kellerartige Räume in Hüttennähe völlig aus. Unter dem Einfluss des Viehhandels mit Italien kam es im 15. Jh. dann zu einer Konzentration des Alpbesitzes in den Händen weniger Reicher. Da auf allen guten Hochweiden Rinder grasten, wurde die Schafhaltung in die marginalsten, unwirtlichen Zonen abgedrängt.

Schlachtvieh und zahlreiche Milchprodukte wurden in die Städte des nördlichen und südlichen Alpenraumes exportiert. Diese wirtschaftliche Umstrukturierung hing wohl mit der Auflösung grundherrlicher Strukturen im spätmittelalterlichen Alpenraum zusammen. Sicher aber hatte der Wechsel von der Kleinvieh- zur Großviehhaltung seine Auswirkungen auf die Siedlungs- und Bauformen in den Alpen. So mussten zur Verarbeitung größerer Milchmengen nun Häuser mit kellerartigen Räumen, die durch Wasser gekühlt werden konnten, errichtet werden. Kleine Schutzhütten dienten zur Überwachung der weitläufigeren Weidegebiete.

Auch auf dem Dachstein hatte mit dem klimabegünstigten 12. Jh. eine Almwirtschaft eingesetzt, wie zahlreiche Hüttenreste und Funde belegen. Um Platz für eine wachsende Bevölkerung zu schaffen, wurden sowohl die Täler gerodet als auch neue Almen in den Hochweiden angelegt. Die hochmittelalterlichen Hüttstätten lagen im Gebiet des Dachsteins zunächst vorwiegend auf den natürlich waldfreien Urweiden. Diese lagen unterhalb der Waldgrenze auf im Untergrund verkarsteten Flächen. Rodungsalmen entstanden am Dachstein erst seit dem späten Mittelalter in Höhenlagen zwischen 1000 und 1400 m. In dieser Zeit erlebte die Almwirtschaft ihre Blütezeit. Allein auf dem 280 km^2 großen östlichen Dachsteinplateau sind 1800 Hütten und Hüttenreste nachgewiesen. Die meisten dieser Bauten, wie die 1720 m hoch gelegene Plankenalm besaßen mit Stube, Hütte und Kasten drei Räume.

Das Leben auf den Almen war karg, wie die wenigen archäologischen Funde zeigen. Besonders auf sommerlichen Temporärsiedlungen gab es kaum Geschirrkeramik. Erhalten sind jedoch viele Gerätschaften aus Eisen, wie Hufeisen, Nägel, Maulschelle (Trümpi), Äxte oder mit Eisen beschlagene Bergstöcke. Wie im Gebiet des Dachsteins war auch im mittleren Ötztal der mittelalterliche Siedlungsausbau durch Schwaighofsiedlungen gekennzeichnet. Dabei legte man die Höfe an der Siedlungsobergrenze vielfach auf Flächen an, die schon in prähistorischer, spätestens in der Römerzeit durch Abbrennen waldfrei gemacht und seither ohne Unterbrechung genutzt wurden. Die 2015 m hoch gelegenen Rofenhöfe bei Vent sind als höchstgelegene Dauersiedlung der Ostalpen ein Musterbeispiel für eine mittelalterliche Schwaighofsiedlung.

Siedlungsarchäologische Untersuchungen belegen, dass Hochweiden im Alpenraum seit der Jungsteinzeit vom Menschen genutzt wurden. Im Mittelalter besteht dann eine ausgeprägte Almwirtschaft mit regelmäßiger Pendelmigration des Viehs von Tal- zu Höhensiedlungen. Die großen Schwierigkeiten der Almwirtschaft begannen in nachmittelalterlicher Zeit mit dem Einbruch der Kleinen Eiszeit im späteren 16. Jh. Gletschervorstöße und Klimaveränderungen zwangen zur Preisgabe mancher Täler und zur Umwandlung von Dauersiedlungen in temporär genutzte Alpstafeln. Einige Orte wurden auch durch Bergstürze zerstört.

Unter Schnee und Geröll: Katastrophen in den Alpen

Um 1400 endete in Europa eine Zeit des Wachstums, zahlreicher Städtegründungen, expansiver Besiedelung und intensiver Landnutzung. Gegen Ende des 13. Jh. verschlechterte sich mit regional unterschiedlicher Ausprägung das Klima. Von Beginn des 14. Jh. an häuften sich kalte Sommer, die vorher nie auftraten. Ab 1340 traten die warmen Sommer völlig zurück und in den Jahren 1345 bis 1347 folgen drei bitter kalte Sommer aufeinander.

Das Klima hatte auch einen entscheidenden Einfluss auf die Waldgrenze. Dieser lässt sich aber nur an Standorten ohne Beweidung, Bewirtschaftung und Waldbrand, wo die aktuelle und die vermutete Waldgrenze weitgehend identisch ist, gut erfassen. Bei Untersuchungen an abgestorbenen Zirben im Ötztal ließen sich die Klimaverhältnisse der Vegetationsperiode an der Dicke der Baumjahrringe (Dichtewerte) deutlich ablesen. Markante Wachstumseinbrüche sind für Gletscherhochstandsperioden um 1300, 1600 und in der ersten Hälfte des 19. Jh. zu verzeichnen. Die gesunkenen Temperaturen nach 1812 führten zu einem vermehrten Absterben und ausbleibenden Wuchs des Waldes, was wiederum eine deutliche Auflichtung des Waldbestandes im Waldgrenzbereich zur Folge hatte.

Eine Ordnung der Dichtewerte nach der Größe zeigt, dass die höchsten Werte, die den höchsten Temperaturen im Spätsommer entsprechen, sehr ungleich verteilt sind. Sehr geringe Dichten mit kalten Spätsommern fehlen bis 1300 völlig. Vom Beginn des 14. Jh. an treten kalte Sommer vereinzelt, dann häufiger auf. Die kalten und feuchten Sommerzeiten zwischen 1340 und 1380 äußerten sich auch in einem weitreichenden Vorstoß des Aletschgletschers, der im späten 14. Jh. den säkularen Hochstand von 1600 und 1850 erreichte.

Die Rodung großer Waldflächen im 18. Jh. verbunden mit einer Ausdehnung der Siedlungsflächen und die starke Ausbeute des Waldes als Brennstofflieferant für die Erzverhüttung führte in der frühen Neuzeit zu einer ge-

Wie dieser im 13. Jh. in Giättrich aus Bruchsteinen aufgeschüttete Lawinenkeil zeigt, versuchten sich die Menschen durch künstliche Barrieren gegen die Gefahren des Naturraums zu schützen.

fährlichen Entwicklung in den ökologisch empfindlichen Alpen. Erst jüngere Aufforstungen haben diese Folgen gemindert.

Klimaverschlechterungen, zunehmende Rodungen in den Alpen und das Bauen im natürlichen Gefahrenbereich beeinflussten auch die menschliche Siedelweise. Geröllabgänge (Vermurungen) und Überschwemmungen vor allem nach der Schneeschmelze oder Starkregen bedrohten viele Dörfer in den Talregionen der Alpen. Der Talsohlenbereich war bis in das 20. Jh. hinein immer wieder großflächig von Überschwemmungen betroffen.

Neben den Naturgewalten formten aber auch die Eingriffe des Menschen die Gebirgsregionen. Der folgenschwerste Eingriff in den Naturhaushalt des Gebirges mit Auswirkungen auf den Wasserhaushalt, morphologische Prozesse, Lawinen und Murentätigkeit ist sicherlich eine großflächige Brandrodung. Die bisher vorliegenden punktuellen Ergebnisse in den Alpen lassen eine flächenhafte Analyse dieser Vorgänge noch nicht zu. Ein Vergleich aktueller und potenzieller Waldflächenverteilung vermittelt jedoch ansatzweise einen Eindruck von den Zerstörungen durch die Hochweidennutzung. Danach wurde die potenzielle, unter den gegenwärtigen Klimaverhältnissen mögliche Waldgrenze nach Geländeerhebung und Kartierung für das Ötztal auf einen Mittelwert von 2300 m Höhe festgelegt. Aus der Differenz zur aktuellen Waldfläche von 150 km^2 unter Abzug von Lawinenbahnen, Felsflächen und Gewässerbetten lässt sich eine überwiegend durch den Menschen verursachte Reduktion des Waldes in der Größenordnung von 160 km^2, oder 55% der ursprünglichen Waldfläche, annehmen. Hier ist es oft schwierig, den anthropogenen Einfluss auf die Waldreduktion vom klimatischen für bestimmte Zeiten quantitativ zu unterscheiden. Die bisherigen Mooruntersuchungen im inneren Ötztal lassen den Schluss zu, dass die Klimaschwankungen der Nacheiszeit die Waldgrenze nur in den obersten 200 Höhenmetern stark beeinflusst haben. Der naturbedingte Schwankungsbereich des Waldes dürfte 250 Höhenmeter kaum und 300 m nicht überschritten haben.

Der Klimaeinfluss auf die Waldgrenze lässt sich aber nur an Standorten erfassen, an denen Beweidung, Bewirtschaftung und Waldbrand ausgeschlossen werden können und die aktuelle und potenzielle Waldgrenze weitgehend zusammenfällt. Markante Wachstumseinbrüche um 1300, 1600 und in der ersten Hälfte des 19. Jahrhunderts entsprechen im Ötztal zeitlich sehr gut den Gletscherhochstandsperioden dieser Zeitabschnitte. Die Ausdehnung der Bergmähder zur Heugewinnung reichte ehemals in extremes Steilgelände und in Höhen über 2500 m, somit weit über die natürliche Waldgrenze alpiner Grasheiden. Diese Nutzung war historischen Quellen zufolge in der zweiten Hälfte des 18. Jh. weit verbreitet, ihr zeitlicher Beginn bleibt einstweilen unklar. Die ältesten erhaltenen Heustadel im Ötztal wurden um 1580 errichtet. Ungünstigeres Klima führte in der Vergangenheit also nicht jedes Mal und automatisch zu einem Rückgang der Landnutzung, sondern manchmal eher zu einer weiteren Intensivierung. Auch dieses Bild entspricht nicht gängigen Vorstellungen.

Am Beispiel des klimabedingten Gletscherrückganges, bei dem mindestens 80 km^2 oder nahezu 10% der Fläche des Einzugsgebietes des Ötztals eisfrei geworden sind, lässt sich die Dimension der naturgesteuerten Veränderungen im Naturraum sichtbar machen. Dagegen erscheinen die Skipistenflächen von 4,5 km^2 mit ihren ökologischen Auswirkungen im gleichen Raum als eine vernachlässigbare Größe. Die überwiegend vom Menschen verursachte Waldflächenreduktion von 160 km² (18% des Einzugsgebietes) hat das Tal nicht unbewohnbar gemacht, sondern – wie andernorts in den Alpen – erst die bäuerliche Wirtschafts- und Kulturlandschaft geschaffen, die uns schön und erhaltenswert erscheint. Deutlich wird dabei auch, dass die weit verbreitete Auffassung von der gegenwärtigen Zunahme der Naturkatastrophen für das Ötztal so nicht gilt. Im Vergleich zum 18. und 19. Jh. leben wir in einer ausgeprägt schadensarmen Zeit. Offen ist die Frage, in welchem Ausmaß die klimatischen Verhältnisse oder die Intensivierung mit dem Raubbau am Wald zur Häufung der Schadensereignisse im 19. Jh. geführt haben. Dazu fehlten vermutlich bisher die geeigneten Aufschlüsse.

Noch ungenügend geklärt sind auch die Auswirkungen der Klimaschwankungen auf die Lebensverhältnisse der Menschen im Gebirge und ihre Reaktion darauf. Die mittelalterliche Hochlagensiedlung mit Schwaighöfen im Gebiet des Ötztals ist nicht in einer klimatischen Gunstphase, sondern in einer Gletscherhochstandsperiode erfolgt, die um oder kurz nach 1300 einen Höhepunkt wie um 1850 erreichte. Für diese Zeit müssen ähnliche ungünstige Klimabedingungen angenommen werden, wie sie in der ersten Hälfte des 19. Jh. herrschten. Die Besiedlung des inneren Ötztals von Süden her über vergletscherte Jöcher erfolgte jedenfalls während der Hochstandszeiten der Gletscher. Die Klimaverschlechterung zwischen 1560 und 1860 verminderte die Vegetationszeit in den Alpen um zwei Monate, was einen drastischen Rückgang des Viehbestandes und der Milchproduktion zur Folge hatte. Kürzere, abflussreiche Schmelzperioden führten in den Tälern zu einer Zunahme der Überflutungen. Die Rodung großer Waldflächen im 18. Jh. verbunden mit einer Ausdehnung der Siedlungsareale und die starke Ausbeute des Waldes als Brennstofflieferant für die Erzverhüttung führte jedoch schon in der frühen Neuzeit zu einer gefährlichen Entwicklung in den ökologisch empfindlichen Alpen. Die Einbeziehung historischer Dimensionen ergibt jedenfalls neue Einsichten in die Zusammenhänge zwischen Naturgeschehen und wirtschaftenden Menschen im Raum, die bei der Betrachtung eines nur kurzen Zeitraumes der Jetztzeit nicht möglich sind. Einen wichtigen Beitrag dazu liefert die Archäologie. Der gegenwärtige Forschungsstand zu den extremen Regionen in den Alpen erlaubt noch keine endgültige Synthese. Dazu fehlt es noch an umfangreicheren, interdisziplinären Siedlungsraumanalysen und einer Aufarbeitung der Siedlungsgeschichte, die letztlich bis in die Gegenwart reichen muss.

Highlands, Fjorde und Vulkane

Zwischen Loch Ness und Highlands: Siedlungen in Schottland

Schottland gehört wegen seiner Lage im nordwestlichen Europa, umgeben von Irischer See, Atlantik und Nordsee, zu den extremen Regionen Europas. Die schottische Landschaft zerfällt in die höheren Highlands mit den Grampian Mountains im Norden, das Midland Valley, die Uplands und die Lowlands. Die Uplands weisen Höhen unter 700 m, die Lowlands von 700 bis 1100 m und die Highlands von 800 bis 1200 m auf. Zwar waren bereits im Tertiär die groben Umrisse der schottischen Geomorphologie vorgezeichnet, mit dem Quartär erfolgte jedoch die Herausbildung der heutigen Geomorphologie. In den letzten 10 000 Jahren der Nacheiszeit wandelte sich der Naturraum infolge natürlicher und anthropogener Eingriffe stark. Das schottische Klima im Nordatlantik ist sowohl von lang andauernden wie kurzfristigen Einflüssen geprägt.

Dabei spielte besonders die Ausbildung der Polargrenze eine entscheidende Rolle. Während der Kaltzeiten des Pleistozäns vor 2,6 Millionen Jahren bis vor 10 000 Jahren bedeckten Gletscher das Land. Der jüngste Teil der letzten Vereisung vor 26 000 bis 10 000 Jahren zerfällt wie im festländischen Mitteleuropa in eine Folge mehrerer kälterer und wärmerer Klimaphasen. Am Ende der letzten Eiszeit folgte dann mit dem Loch Lomond Stadial vor 11 000 bis 10 000 Jahren nochmals ein Klimaeinbruch.

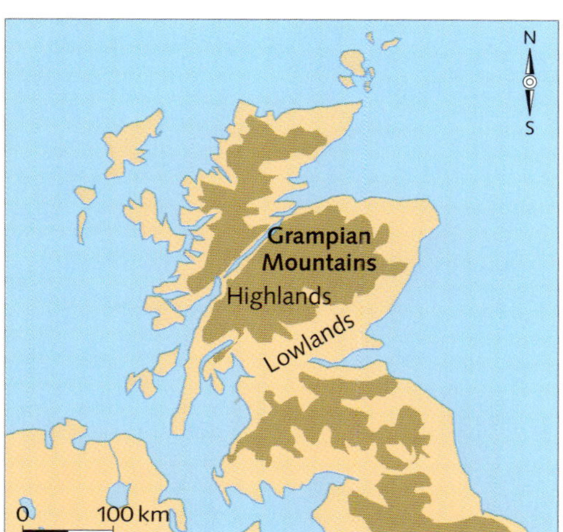

Die landschaftliche Gliederung Schottlands mit seinen Highlands und Lowlands, in das Landesinnere reichenden Meeresarmen und den Lochs ist vor allem das Ergebnis der letzten beiden Eiszeiten.

Während des Dimlingston Stadials schoben sich die Gletscher das letzte Mal nach England und Wales vor und bedeckten zwei Drittel der heutigen Landfläche Großbritanniens. Im Windermere Interstadial zogen sich die Gletscher dann nach Schottland zurück. Vor etwa 12 500 Jahren glichen die Temperaturen den heutigen, der Eisschild beschränkte sich auf die Berge der westlichen Highlands. Nur während der Kältephase des Lochmond Stadials erfolgte ein neuer kalter, kurzzeitiger Klimaeinbruch. Ein großer Eisschild bedeckte die nordwestlichen Highlands. Schmelzwasserrinnen ergossen sich in den anschließenden periglazialen Raum mit seinen Flugsanddecken. Vor 10 100 Jahren begann dann eine rasche Klimaerwärmung, die – wie in den Alpen und Norddeutschland – Restseen, Sander und Moränenablagerungen als Zeugen der Vereisung zurückließ.

Der Rückzug des Eises ließ den Meeresspiegel weltweit ansteigen, sodass die Nordsee vor 8500 Jahren in das flache Nordseebecken eindrang und in der Folge die Küstenlinien Schottlands vor allem im Westen und Südosten im Bereich des Clyde Ästuars, des Loch Lommond sowie des Tay Ästuars, prägte. Im Forths Ästuar wurden vor 6800 bis 6500 Jahren Wälder und Moore überflutet. Zur Zeit des größten Meereseinflusses trennte nur eine 12 km breite Landbrücke die Highlands von den Lowlands. Überflutete Torfe auf Shetland belegen dabei einen Anstieg des Meeresspiegels seit 5500 Jahren um 8 m.

Nach dem Rückzug der Gletscher bedeckte Schottland eine periglaziale Tundra, die mit wärmer werdendem Klima einer Waldlandschaft wich. Pollenprofile aus Mooren belegen, dass Birken bereits vor 10 000 Jahren in den zentralen und östlichen Gebieten Schottlands heimisch waren und sich vor 9500 Jahren nach Norden und Westen ausbreiteten. Die Hasel lässt sich im westlichen Schottland für die Zeit zwischen 9500 und 9000 belegen und verbreitete sich weiter nach Süden und Osten. Ulme und Eiche sind seit 8500 Jahren in vielen Regionen Schottlands vertreten. Der Wandel von einer Tundra zu einer Waldlandschaft hatte auch Auswirkungen auf die heimischen Tierarten. Nach der Wiederbewaldung im Holozän veränderte sich die Zusammensetzung der Vegetation kaum; die Waldgrenzen wanderten nur noch in geringen Distanzen. Feuchtere und wärmere Phasen wechselten sich ab, wie Perioden mit höheren Niederschlägen vor 4250 und 3870 Jahren, vor 6250 und 5800 Jahren und vor 1330 Jahren belegen.

Mit der Entfaltung des Waldes trafen die mesolithischen Jäger- und Sammlergruppen auf eine völlig neue Umwelt. Ganz im Norden waren Birken ebenso verbreitet wie in den anderen Gebieten, während Eichen vor allem im südlichen Schottland schon vor 8500 Jahren zu finden waren. Pollenprofile aus schottischen Mooren belegen das Vordringen einzelner Arten nach Norden. Vor 9000 Jahren erreichte die Ulme den Norden Englands, vor 8500 Jahren die mittleren Highlands, vor 7500 Jahren die nördlichen Highlands und schließlich vor 6500 Jahren den äußersten Norden Schottlands.

Wälder mit großen Haselbeständen, Seen und Küsten bildeten ideale Ökotope für die Subsistenzwirtschaft der mesolithischen Jäger-, Fischer- und Sammlergruppen. Gut dokumentierte mesolithische Stationen konzentrieren sich entlang der schottischen Küsten, während die Highlands eher gemieden wurden. Fischerei und Jagd etwa auf Otter prägte die Wirtschaft der mesolithischen Gruppen.

Nachweise radiokarbondatierter Plätze belegen eine menschliche Anwesenheit im nördlichen Polarzirkel vor 9000 Jahren (kalibriert 8030 v. Chr.). Von dem Siedlungsplatz Kinloch, der bis in die Zeit zwischen 7700 und 7500 v. Chr. zurückreicht, sind zahlreiche Mikrolithen – meist geometrischer Form – belegt. Wie Radiokarbondatierungen andeuten, existierten in der Spätphase des Mesolithikums in Schottland Sammler- und Jägergemeinschaften parallel zu sesshaften Ackerbauern.

Während des späten Mesolithikums griff der Mensch stärker in seine Umwelt ein, indem er selbst eine aktive Waldwirtschaft, wie etwa den Anbau von Haselnüssen, betrieb. Ob er auch Wälder abbrannte, ist nicht genau belegt. Die Studien zur mesolithischen Lebensweise prägten früher Vorstellungen einer sommerlichen Jagd in den Highlands, während sich die Menschen während des Winters in die Lowlands zurückzogen.

Der Übergang zur sesshaften Lebensweise mit Viehhaltung und Ackerbau vollzog sich in Schottland vor etwa 5100 Jahren. Die neue Wirtschaftsweise geht einher mit einem starken Rückgang der Ulme in den Pollendiagrammen. Unabhängig der Frage, ob dies auf natürliche Ursachen zurückzuführen oder bereits eine Folge der menschlichen Wirtschaftsweise ist, lässt sich in einem Zeitraum von etwa 4000 bis 1000 v.Chr. eine starke Reduktion des Waldes beobachten. In diese Zeitspanne fallen in Schottland die Perioden des jüngeren Neolithikums und der frühen und mittleren Bronzezeit. Infolge von Rodungen für die Anlage von Siedlungen und Wirtschaftsflächen wich der dichte Wald einer halb offenen Waldlandschaft.

Die Siedler ließen sich zunächst vor allem entlang der westlichen Küste, wo sie die besten Böden vorfanden, nieder. Welchen Einfluss der frühe Ackerbau auf die Böden hatte, zeigen bis zu 5000 Jahre alte Paläoböden unter den neolithischen Gräbern. Rodung und Ackerbau führten zu ersten Verschlechterungen der Bodenquali-

Während der letzten Eiszeit war ganz Schottland vergletschert. Südlich erstreckte sich der periglaziale Raum mit einer ariden Kältesteppe.

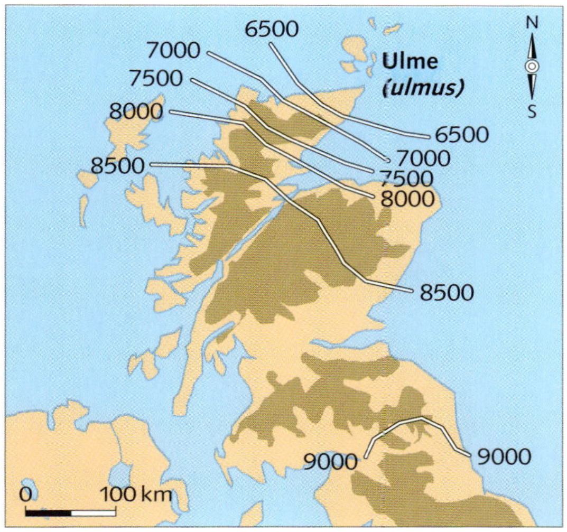

Die Wiedererwärmung im Holozän verdrängte die offene Tundra zugunsten von Wäldern, wie sich deutlich an der Ausbreitung der Ulme nach Norden erkennen lässt.

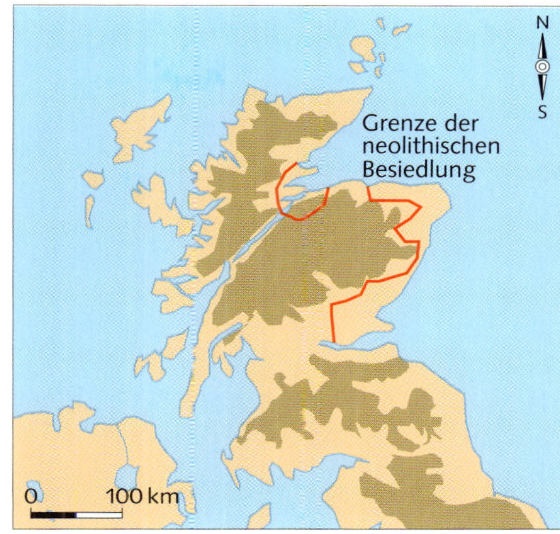

Während des Neolithikums wurden vor allem die guten Böden im Südosten Schottlands besiedelt, die Highlands mit ihren marginalen Böden und extremeren Umweltbedingungen wurden gemieden.

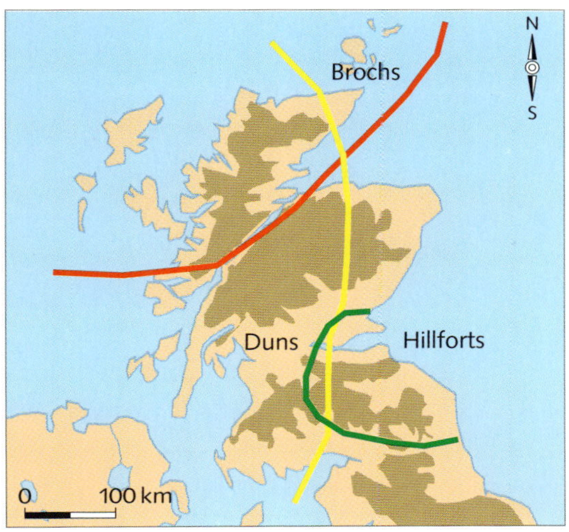

Während der vorrömischen und römischen Eisenzeit existierten in Schottland verschiedene Formen von Siedlungen und Befestigungen.

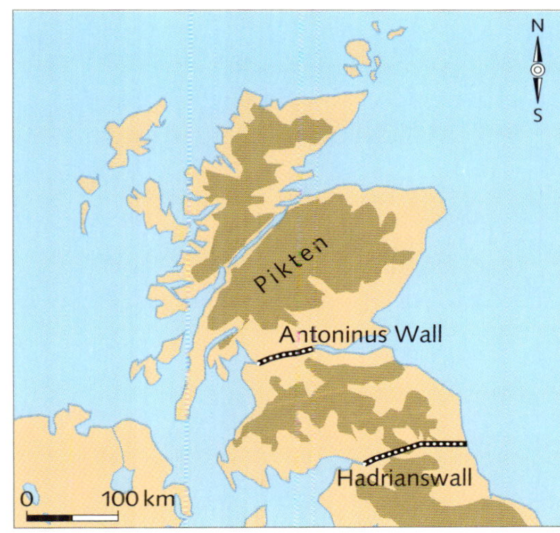

Die Römer legten mit dem Hadrianswall ihre endgültige Grenzziehung im Norden fest. Die Anforderungen der römischen Armee prägten die Umwelt Schottlands in der Folgezeit entscheidend.

täten. Auch die Böden unter nachgewiesenen Häusern zeigen vor 4000 Jahren eine starke Podsolisierung. Da neolithische Äcker bislang nicht ausgegraben worden sind, beziehen sich die Nachweise neolithischer Bodenbewirtschaftung auf 5000 bis 4000 Jahre alte Belege aus Pollenprofilen von Mooren und Seesedimenten.

Durch Brandrodung und Ackerbau griff der Mensch extrem in die Umwelt ein. Da jedoch die Siedlungen nur wenige Jahrzehnte an einem Platz blieben und nach einer Verunkrautung der Äcker und mit zunehmender Bodenerschöpfung verlegt wurden, blieben diese Eingriffe lokal begrenzt. Großer Raubbau wurde auch im Wald betrieben, denn zum Bau von Häusern wurde Holz benötigt. Der Wald litt aber auch durch das hinein getriebene Vieh. Nachgewiesen ist vor allem die Haltung von Schafen, Ziegen und Schweinen. Als Kulturpflanzen wurden vor allem Emmer und Flachs angebaut. Die Menschen lebten in kleinen Gemeinschaften in mehreren rechteckigen, überwiegend kleinen Häusern, wie sie vor allem auf den Orkneys entdeckt worden sind. Die Veränderung der Wirtschaftsweise von einer Subsistenz zu einer festen Wirtschaftsform mit Ackerbau und Waldweide führte auch zu einer Veränderung der sozialen Strukturen. Am deutlichsten kommt dies in den monumentalen Grabanlagen zum Ausdruck, wie sie vor allem an den östlichen Küsten und den Lowlands vorkommen.

Nach der Verteilung der Gräber – vor allem Brandbestattungen in Hügeln – zu schließen, konzentrierte sich die Besiedlung der Bronze-

zeit auf die Küstenabschnitte und Lowlands. Einige der nur kurzzeitig bewohnten Siedlungen und Wirtschaftsflächen nahe der Küste dürften infolge der vordringen Nordsee untergegangen sein. Nur dort, wo die seit dem Neolithikum dicht besiedelten Lowlands besetzt waren, musste man in die marginalen Zonen der Uplands ausweichen. Die noch höheren Highlands wurden hingegen gemieden. Die verstärkte Landnahme der Uplands in der Bronzezeit gründete auf dem deutlich gestiegenen Bevölkerungswachstum. Vermutlich waren die Siedler auch besser organisiert als in der Jungsteinzeit. Neben Funden und Gräbern, die eine soziale Gliederung erkennen lassen, belegt dies indirekt auch die zunehmende Nutzungsintensivierung der Landschaft. Wachsende Verarmung der Böden führte zur Aufgabe der Siedlungen.

Feld- und Ackersysteme der Bronzezeit sind in Schottland vor allem durch Luftbildprospektion nachgewiesen worden. Sie lassen auf einen Übergang von einer Subsistenzwirtschaft zu einer Wirtschaft mit geregeltem Anbau von Kulturpflanzen und Viehhaltung schließen. Funde belegen ferner eine Teilnahme der Siedler am Fernhandel seit dem 2. Jt. v.Chr. Die Waren wurden dabei auf Karren befördert, wie Nachweise hölzerner Räder um 1255 bis 815 v. Chr. andeuten.

Wie in der Bronzezeit konzentrierte sich die Besiedlung auf die Küstenabschnitte, die Low-

Der Hadrianswall bildete die äußerste Grenze der römischen Zivilisation gegen den rauen Norden. Der gut erhaltene Wall führt teilweise entlang von Bergen durch eine faszinierende Landschaft.

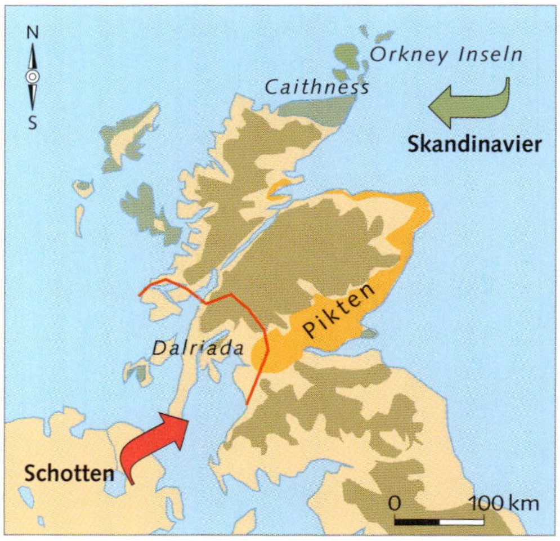

Während des frühen Mittelalters setzten aus Irland stammende Schotten auf die britische Insel über und gründeten das Königreich Dalriada. Die Siedlungsgebiete der einheimischen Pikten lassen sich noch heute anhand von Ortsnamen mit der Endung -pit ausmachen. Nur einen Teil der Küsten suchten auch norwegische Wikinger auf. Im Unterschied etwa zu Irland gründeten die Wikinger in Schottland keine Handelsniederlassungen.

lands und die angrenzenden Uplands. Nach den Funden lassen sich verschiedene Kulturgruppen im Norden, Westen, Nordosten und Südosten nachweisen. Neben offenen Siedlungen, künstlich aufgeschütteten Inseln in Seen als Siedelplattformen (Crannogs) sowie unterschiedlich stark befestigten Siedlungen oder Forts mit Steinmauern und Steintürmen (Duns, Brochs) im Norden und Nordwesten Schottlands gab es im Südosten Schottlands Hillforts als befestigte Erdwerke. Innerhalb dieser umwallten Erdwerke befanden sich mehrere Rundhütten. Dabei hatte die Nachbarschaft zu den Römern einen großen Einfluss auf die gesellschaftlichen Strukturen und die Wirtschaft. So war etwa die Herausbildung einer stärker gegliederten Sozialstruktur mit einer Art »Königtum« an der Spitze mit Sicherheit eine Folge des Kontaktes mit den Römern.

Für uns stellt sich die Frage, welchen Einfluss die römische Zivilisation auf die marginalen Landschaften hatte. Denn Schottland stand in der zweiten Hälfte des 1. Jh. unter römischem Einfluss. Das Vorfeld sicherten lediglich Kastelle mit dazugehörigen vici. Städtegründungen unterblieben in Schottland. Dies änderte sich auch nicht, als kurzzeitig unter Antoninus Pius um 142 n. Chr. die Grenze wieder nach Norden verlegt wurde. Wie der Hadrianswall zwischen Tyne und Solway entstand auch der Antoninuswall zwischen zwei weit in das Landesinnere einschneidenden Meeresarmen, dem Forth und dem Clyde.

Der römische Einfluss ist in Schottland geringer als in den südlichen Teilen Britanniens gewesen. Die Zahl der Soldaten im Grenzgebiet betrug in der flavischen Periode etwa 22 280 Mann und nahm erst unter Antoninus II. auf 17 440 Mann ab. Eine intensive Nutzung der Wälder belegen mehrere Pollendiagramme für die Zeit zwischen etwa 50 und 450 n. Chr. Vor allem Eiche, Hasel und Birke wurden als Baumaterial und Brennholz benötigt. Dort, wo einst Wald war, dehnten sich nun Äcker oder Flächen aus, die für die römische Infrastruktur benötigt wurden. In dem 3440 Hektar großen östlichen Schottland befanden sich 15 Kastelle. Eine Garnison von etwa 25 000 Mann benötigte nach Polybius etwa 8000 bis 10 000 Tonnen Weizen, 670 Rinder, 1200 Schweine und 2890 Schafe. Diese Ressourcen waren aber begrenzt. Wie Tierknochenauswertungen einheimischer Siedlungen zeigen, standen der Bevölkerung vor allem Schafe und Ziegen zur Verfügung, während die Rinder in den Export gingen. Die Vegetation erlitt großen Schaden.

Die nördlich des Hadrianwalles lebenden Stämme wurden von den Römern als »picti« be-

Mit der Plünderung des vor der nordenglischen Küste gelegenen Klosters Lindisfarne 793 wird allgemein der Beginn der Wikingerbesiedlung verbunden.

zeichnet. Auch in jüngeren römischen und byzantinischen Quellen tauchen sie auf. Auseinandersetzungen mit den Römern sind zwischen 382 und 390 sowie 450 belegt. Die vermehrten Übergriffe auf römisches Gebiet mögen mit einer zunehmenden Verknappung der Ressourcen zusammenhängen. Belege für die Auseinandersetzungen sind zahlreiche römische Hortfunde aus dem Südosten Schottlands.

Nach dem Abzug der römischen Truppen stellen sich die ethnischen Verhältnisse in Schottland wie folgt dar: Schottland und Nordengland waren damals von verschiedenen Untergruppen keltischer Völker bewohnt, im Westen Schottlands bildeten die aus Irland eingewanderten Schotten das Königreich von Dalriada. Die Pikten waren über ganz Nord- und Ostschottland verstreut, ihre Hauptsiedlungsgebiete lagen dabei zwischen dem Firth of Forth und dem Fluss Dee sowie im äußersten Norden. Die Pikten waren Bauern, die vor allem in den Tiefebenen siedelten. Wichtigste Ernährungsgrundlage für die nahe der Küste und den Meeresarmen gelegenen Siedlungen war der Schellfisch. Neben offenen Siedlungen mit Rundhäusern, Grubenhäusern oder solchen in Zellenform gab es auch Burgen (Hilltops), die von einer höheren sozialen Schicht bewohnt wurden. In den meisten ländlichen Siedlungen spielte die Jagd, vom Fischfang abgesehen, keine große Rolle. Als Kulturpflanzen wurden Leinen, Weizen und Gerste angebaut.

Die Pikten bestatteten ihre Toten in eingefassten rechteckigen oder kreisförmigen Steinhaufengräbern. Als sichtbares Zeugnis ihrer Anwesenheit hinterließen sie gemeißelte Bildsteine. Nachdem die Pikten im 6. und 7. Jh. von Missionaren aus Irland christianisiert worden waren, begannen sie im 8. Jh. verzierte Kreuze keltischer Art aufzustellen. Viele piktische Gegenstände sind mit Symbolen und Inschriften verziert, die nach einem alten keltischen Alphabet geschrieben waren.

Auf ihren Fahrten nach Nordengland erreichten die skandinavischen Wikinger auch die schottischen Küstengebiete. Im Unterschied zu Shetland und den Orkneys sind die Nachweise der wikingerzeitlichen Besiedlung in Schottland dürftig. Funde in Form von Bildsteinen, Hortfunden und Gräbern deuten aber immerhin auf eine Besiedlung der Küstenzonen hin. Nach der Orkney Saga erfolgte die Besiedlung von Caithness, der nordöstlichen Spitze Schottlands, wahrscheinlich im 10. Jh von den Orkneys aus. Dies erscheint überraschend spät, wenn man bedenkt, dass die Entfernung zwischen den Orkneys und dem Festland nur etwa 11 km beträgt.

Der angelsächsische Bildstein im Museum Lindisfarne zeigt vermutlich plündernde Wikinger.

Zweifellos lagen die schottischen Kolonien der Wikinger überwiegend in ländlichen Gegenden. In den von marginalen Landschaften geprägten Gebieten Schottlands finden sich keine Bevölkerungskonzentrationen wie im englischen York oder im irischen Dublin, die als frühe Städte bezeichnet werden können. Der Nachweis vergrabener, gemischt zusammengesetzter Horte aus Silber, Gold, Münzen und Ringgeld – größtenteils aus England, manche arabischen Ursprungs – spricht dafür, dass hier die für die Wikingerzeit übliche Tauschwirtschaft existierte. Die zwei größten wikingerzeitlichen Silberhorte Schottlands stammen von den Orkneys. Vermutlich haben die Kaufleute ihre Rechnungen in Silber oder Gold bezahlt, zu diesem Zweck führten sie immer kleine Waagen mit sich.

Die nach ihren Beigaben bestimmbaren skandinavischen Gräber in Schottland stammen meist aus dem 9. und 10. Jh. In einigen Fällen gehören zu den Beigaben auch Gegenstände lokaler Fertigung. Die Funde deuten an, dass die Toten zu den frühen Siedlergruppen gehörten und keine im Kampf gefallenen Krieger waren. Die Gesamtzahl der Gräber und Siedlungen steht jedoch in keinem Verhältnis zu der Anzahl der Menschen, die in dieser Zeit in Schottland gesiedelt haben mögen.

Die wikingerzeitliche Besiedlung begrenzte sich auf die Gebiete der weit in das Landesinnere führenden Fjorde, die von Gletschern eingekerbt wurden. Nachgewiesen ist die Nutzung der Hochweiden im Rahmen einer sogenannten »Saetr« -Wirtschaft. Die in der Wikingerzeit besiedelten Gebiete sind grün dargestellt.

Zwischen Fjord und Fjell: Norwegen

Wie Schottland gehört auch Norwegen zu den marginalen Landschaften Europas. Die gebirgige Westküste Norwegens mit ihren vorgelagerten Inseln zergliedern zahlreiche, weit in das Landesinnere reichenden Fjorde. Diese Meeresarme, wie der Sognefjord, wurden von den eiszeitlichen Gletschern eingekerbt. Dort, wo die Felsen nicht steil zum Wasser abfallen, finden sich geschützte, für eine Landwirtschaft geeignete Flächen. Das ruhige Wasser in den Fjorden macht diese Meeresarme zu idealen Verkehrswegen. Dank des Golfstromes hat Norwegen ein überraschend mildes Klima. An der Westküste regnet es öfter als im Landesinnern. Im Osten, wo sich kontinentale Einflüsse bemerkbar machen, gibt es anders als an der Westküste lange, kalte Winter und kurze Sommer. Die Temperaturen liegen deutlich unter dem Gefrierpunkt. Monatelang bedeckt oft Schnee die Täler und Pässe des Binnenlandes. Zudem erlauben die podsoligen, sauren Böden in den Tälern nur eine sehr begrenzte Landwirtschaft. In den feuchteren Gebieten finden sich ebenfalls schwer zu kultivierende moorige Böden. Noch heute umfassen die im Süden und Osten gelegenen Ackerböden nicht mehr als 3% des Landes.

Durch die atlantische Lage ist die Baumgrenze niedriger als in den Alpen. Daher besitzt Norwegen keine größeren Wälder. Soweit überhaupt Wald vorhanden ist, besteht dieser aus Nadelhölzern, wie Tannen, Fichten und Kiefern. Im Süden wachsen, vermischt mit Nadelhölzern, Eichen, Eschen und Buchen. Den hohen Norden bedeckt eine Tundravegetation. Südlich dieser öden, ständig gefrorenen Böden mit nur karger Vegetation erstreckt sich ein Nadelwald. In diesen nördlichen Landesteilen leben noch

In Oseberg am Oslofjord in Südostnorwegen konnte 1904 ein Wikingerschiff mit einer um 834 erfolgten königlichen Bestattung freigelegt werden. Den Bug des Grabschiffes zieren Friese ineinander geschlungener Tiere.

heute Rentiere, Elche und Bären, sowie kleinere Pelztiere, wie Polarfuchs, Marder, Luchs und Eichhörnchen. In der Wikingerzeit wurden deren Felle gegen Luxusgüter aus Mitteleuropa getauscht.

Die karge Natur führte auch in Norwegen ebenso wie in den Alpen dazu, dass schon früh alle zur Verfügung stehenden Weideflächen genutzt wurden. Für das frühe Mittelalter sind Almhütten aus den ältesten historischen Quellen belegt. Die Bemerkung des Magisters Adams von Bremen (Buch IV, 31,11–12), dass man in Norwegen die Viehherden in Einöden halte (»quorum armenta ritu Arabum longe in desertis stabulant«), dürfte sich auf die Sitte beziehen, das Vieh im Sommer auf Wiesen grasen zu lassen. Dabei lassen sich verschiedene Formen der »Saetr«-Wirtschaft unterscheiden. Der »Full Saetr« wird den ganzen Sommer über bewirtschaftet, wobei die Milch am Ort verarbeitet wird. Zu den Gebäuden eines »Full Saetr« gehören Ställe, Pferchen, ein Vorratsgebäude und ein Wohnhaus. Beim »Dairy Saetr« wird hingegen der größte Teil der Erzeugnisse in das Tal zum Haupthof gebracht. Deshalb leben in diesem meist nur aus Pferchen und Ställen bestehenden Saetr nur wenige Hirten. Der aus Scheunen bestehende »Haymaking Saetr« wird lediglich bei der Heuernte bewohnt.

Nach den historischen Belegen fand die bäuerliche Wirtschaft in Norwegen während des Sommers hauptsächlich auf den Saetr-Hütten statt. In den historischen Quellen werden diese Sommer-Wohnplätze jedoch mehrmals als »vetrhus«, als Winterhäuser, bezeichnet. Nach dem nordnorwegischen Rechtsbuch wohnte selbst der Bauer im Sommer in der Almhütte. Aufgrund der Verteilung von Gräbern in den Hochflächen der Gebirgsregionen darf man aber vermuten, dass schon während der Eisenzeit von festen Höfen aus das Vieh im Sommer auf entfernte Wald- oder Hochgebirgswiesen getrieben und dort für längere Zeit gehalten wurde. Die landwirtschaftlichen Regionen im wikingerzeitlichen Norwegen sind schwer auszumachen. Die meisten Höfe der Eisen- und Völkerwanderungszeit wurden im Südwesten des Landes entdeckt. Hingegen fehlen entsprechen-

Die norwegischen Winter sind lang und streng. Monatelang bedeckt Schnee die Täler und Pässe des Binnenlandes. Zudem bot die gebirgige Landschaft nur wenig agrarisches Nutzland wie ein Blick auf den 1300 m hohen Slettefjell Pass vermittelt.

Die weit in das Landesinnere Norwegens reichenden Fjorde mit ihren meist ruhigen Gewässern waren wichtige Verkehrswege. Dort, wo die Berge nicht steil zum Wasser abfielen, fanden sich geschützte Möglichkeiten für die Anlage von Siedlungen und landwirtschaftlichen Nutzflächen. Das Foto zeigt den Lustrafjord mit Blick auf Urnes.

An der Stabkirche von Urnes finden sich von einer Vorgängerkirche des 11. Jh. übernommene Verzierungen des späten wikingerzeitlichen Urnes-Stils.

de Befunde aus der Wikingerzeit. Dies mag an der verstreuten oder isolierten Höhenlage der einzelnen Siedlungen liegen. Einer der wenigen wikingerzeitlichen Höfe ist der von Ytre Moa aus dem 9. und späten 10. Jh. am inneren Ende des Sognefjordes. Zu diesem isoliert liegenden Einzelgehöft gehören Wohnhaus, Lagerhaus und Kuhstall. Die Wände der Häuser bestanden zum Schutz gegen die Witterung aus übereinander gestapelten Grassoden und umgaben nur wenig Quadratmeter große Innenräume. Diese Bauten wichen in ihrer Konstruktion somit völlig von den wikingerzeitlichen Großbauten ab, wie sie in Dänemark häufig belegt sind. Die dortigen, meist schiffsförmigen Häuser besitzen Wände aus hölzernen Spaltbohlen. Aus dem 8. bis 10. Jh. lassen sich in dem zwischen Jotunheimen und Dovrefjell gelegenen Gebiet einige Einzelgräber und ein Gräberfeld in 900 bis 1050 m Höhe nachweisen. Den Beigaben nach handelt es sich vor allem um Bestattungen von Männern.

Die Frage nach dem Alter der Almwirtschaft im Norden ist eng mit dem noch nicht gelösten

Problem verbunden, wann die ersten festen bäuerlichen Höfe in Nordskandinavien entstanden. Sicher belegt ist jedenfalls, dass es im frühen Mittelalter in den marginalen Landschaften Nordeuropas eine Transhumanz und wohl auch eine Art Alm- oder Saetr-Wirtschaft gegeben hat.

Den Sternen nach: Über den Nordatlantik

Der karge Lebens- und Wirtschaftsraum Norwegens dürfte den Ausschlag für zahlreiche Fahrten der Wikinger nach Schottland und über die Weiten des Nordatlantik bis hin nach Island und Grönland gegeben haben. Diese langen Seereisen waren sehr riskante Unternehmungen, die extreme Umgebung war hier das Meer. In Küstengewässern boten Landmarken Möglichkeiten der Orientierung, in der Nacht die Sterne. Zur Erschließung dieser weit von den skandinavischen Festlandsküsten entfernten Gebiete mussten lange Seestrecken überwunden werden. Oft wurden dabei auch bislang unbekannte Gebiete entdeckt, die in der Folge der Landnahme dienten. Von Westnorwegen bis zu den Färöern sind es etwa 675 km, von den Färöern bis nach Island 450 km, von Westisland bis Ostgrönland 700 km, bis zur südwestlichen Westküste weitere 800 km. Voraussetzung für die transatlantischen Landnahmen waren erfahrene Seeleute auf hochseetüchtigen Schiffen, die Menschen, Tiere und den Hausstand aufzunehmen vermochten. Als Schiffe solchen Typs die Inseln nach wochenlanger Überfahrt im Nordatlantik erreichten, waren diese arg in Mitleidenschaft gezogen und die Seeleute erschöpft von der langen Überfahrt.

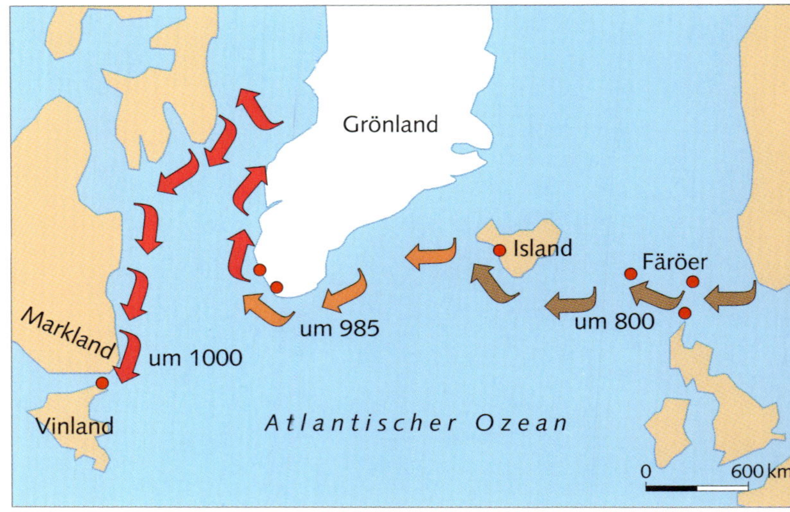

Über das europäische Nordmeer und den Nordatlantik führten die gefahrvollen Fahrten der Wikinger, die kurz vor 1000 Grönland erreichten.

Als Erste kamen irische Mönche auf die nördlichen Inseln im Atlantik. Der irische Mönch Dicuil, der im Jahre 825 in Frankreich schrieb, berichtet uns im Buch über die Vermessung des Erdkreises »Liber de Orbis Mensura Terrae«, dass etwa seit dem Jahr 700 unerschrockene Mönche die Gewohnheit hatten, Gewässer mit ihren zerbrechlichen Schiffen zu durchqueren. Sie überquerten das Meer vermutlich mit Lederbooten und ließen sich als Einsiedler nieder. Die Nordleute, die diese Mönche auf den Färöern und Island trafen, nannten sie papa – Väter.

Als die Nordleute an die Gestade der nordatlantischen Inseln kamen, fanden sie eine überwiegend karge Landschaft vor, die besondere Anforderungen an das Überleben stellte. Auf welche Erfahrungen konnten die Skandinavier aufbauen? Wie überlebten sie im arktischen Bereich? In dem von den Norwegern besiedelten Gebiet Großbritanniens, wie Shetland, den He-

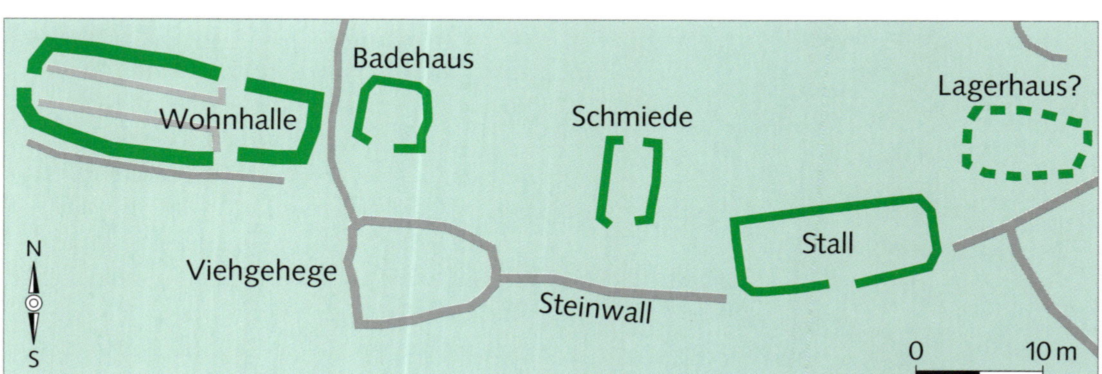

Die Bauernsiedlung Jarlshof an der Südspitze der Shetland-Inseln gehört zu den eindrucksvollsten Wikingersiedlungen in Nordschottland. Als sich hier norwegische Wikinger im 9. Jh. niederließen, verwendeten sie die Steine älterer Vorgängergebäude. Der Wikingerhof besteht aus einem einfachen Wohnhaus mit zwei Räumen. Diese reichten für die Bedürfnisse einer Familie aus. Zu dem Hof gehörten mehrere Nebengebäude.

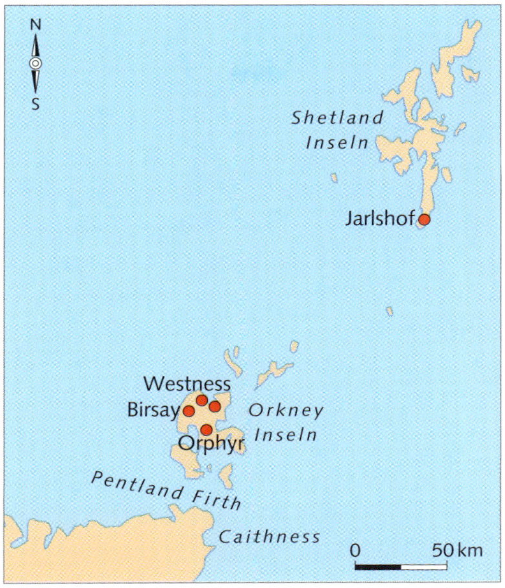

Auf den Orkneys und den Shetland-Inseln trafen die norwegischen Wikinger bei ihrer über See erfolgten Landnahme auf einheimische Pikten. Diese Inseln bildeten ebenso wie die Färöer wichtige Stützpunkte für die gefahrvollen Fahrten über den Nordatlantik.

briden und der Insel Man, deuten Saetr-Ortsnamen auf Almwirtschaft hin. Die Siedler dürften diese Wirtschaftsform aus der norwegischen Gebirgsregion mitgebracht haben. Für Island erwähnt das Landnamabok, eine Beschreibung der wikingerzeitlichen Landnahme, schon bei den ersten Auswanderern eine Almwirtschaft, und auch in Schilderungen der Isländersagas von Ereignissen des 10. und 11. Jh. taucht diese Wirtschaftsform oft auf. Weil die Niederschriften jedoch weit jünger sind, lässt sich dies für die Landnahmezeit allerdings historisch nicht beweisen, aber die Menge der Nennungen erlaubt doch die Annahme, dass eine saisonale Hochweidennutzung auf Island früh bestanden hat. Auch die isländischen Urkunden, die zwar erst im 12. Jh. beginnen, nennen die Almen seit 1140. Im Namen des alten Hofes Selfors, der in Südisland liegt, ist das Wort sel für Sennhütte enthalten. Entsprechende Zeugnisse bestätigen, dass in Island viele Sennereien nur wenige Kilometer von den Höfen entfernt lagen.

Erste Sprungbretter: Inseln im europäischen Nordmeer und im Nordatlantik

Eine der ersten Inseln, welche die norwegischen Wikinger auf ihren Fahrten über die Nordsee und den Nordatlantik erreichten, waren die vor der nordöstlichen Küste Schottlands gelegenen Orkneys und Shetland. Schriftliche Belege finden sich etwa in einer Passage über König Harald: »Es wird berichtet, dass in den Tagen Harald Schönhaars [um 870 bis um 940], des Königs von Norwegen, die Orkney Inseln besiedelt wurden, die zuvor meist Versammlungsort für die Wikinger gewesen waren.« Der Zeit-

Auf halbem Seewege zwischen den Shetlands und Island liegen die Färöer Inseln, deren felsige Küsten – wie bei der Insel Sandoy – häufig steil zum Meer hin abfallen.

punkt der tatsächlichen Besiedlung ist jedoch umstritten. Auch wenn sich diese schriftliche Anspielung leicht auf Ereignisse der ersten Besiedlung beziehen könnte, ließe sich eine Datierung einer Landnahme in größerem Maße vor der Mitte des 9. Jh. mit den archäologischen Funden nur schwer in Einklang bringen.

Die Epoche der eigentlichen Wikingeranwesenheit auf den Orkneys – gewöhnlich zwischen den ersten Raubzügen im 8. Jh. und dem späten 10. Jh. angesetzt –, ist in der langen Zeit skandinavischen Einflusses nur eine relativ kurze Periode. »In einer Schlacht fiel Ivar, der Sohn des Jarls Rognvald. Doch als König Harald aus dem Westen nach Hause segelte, übergab er dem Jarl Rognvald die Shetlands und Orkneys als Entschädigung für seinen Sohn. Jarl Rognvald gab beide Länder jedoch seinem Bruder Sigurd ...« heißt es in der Orkenyinga Saga. Sie wurde zwar zu einem späteren Zeitpunkt geschrieben, doch die Einsetzung von Jarlen als Grafen, die meist dem norwegischen Königshaus verbunden waren, markiert den Beginn direkter politischer Kontrolle von Norwegen aus. Während der Landnahme fanden die norwegischen Siedler auf den Orkneys eine Landschaft vor, die zwar der Topografie Nordskandinaviens ähnelte, jedoch ein milderes Klima aufwies. Deshalb war die Inselgruppe ebenso wie die nordöstlich gelegenen Shetlands sehr attraktiv für eine Besiedlung. Zur Ankunftszeit der Wikinger siedelten hier Pikten. Nur wenige Fundorte haben bisher konkrete Belege für eine Begegnung zwischen den Pikten und den skandinavischen Nordmännern geliefert. Funde in Birsay und an der nahe gelegenen Grabung von Buckquoy auf der Hauptinsel der Orkneys zeigen, dass hier Wikinger in piktischen Siedlungen wohnten.

Die Ortsnamen weisen jedoch auf eine vollständige Übernahme der dortigen Siedlungsgebiete durch die Wikinger hin. Ortsnamen mit Elementen wie -bólstadr, was Hofstelle bedeutet, und -dalr wie Tal, etwa in Scorradale, sind zweifellos skandinavischen Ursprungs. Die Verteilung derartiger Namen konzentriert sich besonders auf den Norden der Inselgruppe. So gut wie alle Ortsbezeichnungen auf den Shetlands, den Orkneys und im nordöstlichen Caithness leiten sich aus den skandinavischen Sprachen her. Die wenigen piktischen Namen, wie Papigeo in Caithness, beinhalten die Endung -papa, was auf die Anwesenheit von Mönchen hindeutet. In Westness auf den Orkneys sind zwei Bootsgräber mit reichen Beigaben meist südwestnorwegischer Provenienz belegt, dem traditionellen Herkunftsland der frühen Siedler.

Über den Beginn der Besiedlung auf den nordwestlich der Orkneys gelegenen Shetland-Inseln ist wenig bekannt. Der Gebäudekomplex des Jarlshofs ist Teil einer Gruppe von Gebäuden unterschiedlicher Zeitperioden mit verschiedenen Funktionen. Belegt sind Wohnhäuser, Scheunen und Ställe. Die Bauweise der Häuser wurde aus dem noch extremeren Klima Skandinaviens auf die Shetlands mitgebracht. Wie die Höfe daheim erhielten auch die auf den Shetland-Inseln dicke Mauern aus Grassoden. Bei späteren Höfen beherbergten wieder separate Gebäude das Vieh, wenn auch im 19. Jh. noch Höfe in Schottland mit integriertem Kuhstall errichtet wurden. Das Umland lieferte Torf als Brennmaterial und Speckstein als Material für Gefäße. Die flache Bucht in der Nähe des Jarlshofs bot Möglichkeiten, die flachbodigen Wikingerschiffe an Land zu ziehen. Aus den wenigen Funden zu schließen, scheinen die frühen Siedler der Wikingerzeit auf den Orkneys eine gemischte Form der Landwirtschaft betrieben zu haben: Rinder- und Schafzucht mit einigem Anbau von Gerste, wo es die Bedingungen erlaubten. Der Fischfang wurde mit der Entwicklung der Siedlungen wichtiger, zu Beginn der Landnahmezeit hingegen nur in geringem Umfange betrieben.

Auf den Hebriden konnte am Udal auf North Uist eine frühe Siedlung der Wikinger nachgewiesen werden. Sie umfasste – vermutlich zur Verteidigung gegen die Pikten – eine kleine Befestigungsanlage. Bruchstücke von Steinkonstruktionen sind auch auf South Uist belegt. Es bestanden Kontakte zu den Handelszentren rund um die Irische See, in Irland, zur Insel Man, nach Nordwestengland und Wales.

Die Inselgruppe der Färöer, in der Nähe des 62. Breitengrades und somit etwa 500 km unter-

Die baumlose Vegetation der Färöer Inseln prägt bis heute die Umwelt und stellte besondere Anforderungen an die Wirtschaftsweise der ersten Siedler.

halb des Polarkreises gelegen, ist 300 km von Shetland, 450 km von Island und 675 km von der norwegischen Westküste entfernt. Der irische Mönch Dicuil, der 814–825 am Hofe Karls des Großen lebte, gewährt uns einen historischen Blick auf die Färöer-Inseln, einer Gruppe von Inseln mit steil abfallenden Klippen, die im Nordatlantik auf halbem Wege zwischen Shetland und Island liegt: »Es gibt viele andere Inseln im Ozean im Norden Britanniens, die man von den nördlichsten britischen Inseln mit dem Segelschiff in zwei Tagen und Nächten bei prallem Segel und ständig günstigem Wind erreichen kann ... Ein heiliger Mann berichtete mir, dass er auf einer von ihnen gelandet war. Auf diesen Inseln haben seit etwa 100 Jahren Einsiedler gelebt ... doch jetzt sind sie wegen norwegischer Seeräuber nicht mehr von Einsiedlern bewohnt, aber reich an zahllosen Schafen und einer großen Menge von Seevögeln.«

Die im Mittelalter und der Neuzeit erschlossenen, für Siedlung und Landwirtschaft günstigen Flächen, die »Innenmark« oder das Innenfeld (dänisch: indmark, färöisch: böur) umfassen knapp 5% des 1400 km^2 großen Landareals, das größtenteils Höhen von 200 bis 900 m erreicht. Vor allem entlang der weit in das Landesinnere eingreifenden Fjorde lagen geschützte Küstenabschnitte. Hingegen dient die weitflächige Außenmark oder das Außenfeld (dänisch: udmark, färöisch: hagi) als extensiv genutztes Weideland, teilweise im Rahmen einer Saetr-Wirtschaft, und Torfgewinnungsgebiet. Über die Landnahme der Insel berichtet die um 1210 oder 1215 niedergelegte Königssaga. Trotz der Behauptung des Sagaverfassers, dass der erste Siedler Grim ein Norweger war, deutet sein keltischer Beiname kamban eher auf einen skandinavischen Siedler von den Hebriden oder aus Irland hin. Die Landnahme dieses Grim wird in die Zeit Harald Schönhaars verlegt, der im letzten Drittel des 9. Jh. gegen den Widerstand von Kleinkönigen Norwegen zu einem einzigen Reich vereinigte. Zeugnisse einer älteren irischen Besiedlung vor der Ankunft der norwegischen Wikinger gibt es auf den Färöern nicht, insofern scheinen sich die Angaben von Dicuil nicht zu bestätigen, der in seinen Reiseberichten von Eremiten, die von Schottland oder Irland kamen, berichtet. Somit scheinen die Inseln vor der Ankunft der Nordleute nicht besiedelt gewesen zu sein. Die Königssaga nennt die Namen der einzelnen skandinavischen Siedler und auch die Orte, an denen sie sich auf den verschiedenen Inseln niederließen. Daher wissen wir etwa, dass ein gewisser Thrand seinen Hof auf Gata auf Esturoy hatte. Obwohl die Verlässlichkeit dieser Quelle heute in Frage gestellt wird, weist die Verteilung der in ihr erwähnten Orte doch Parallelen zu den archäologisch nachgewiesenen und modernen Siedlungsmustern auf.

In der Wikingerzeit konzentrierte sich die Besiedlung, wie auch heute, auf die schmalen Küstenstreifen. Die Verteilung der Ortsnamen mit der Endung -aergi, »Sennerei«, »Hochweide«, deutet darauf hin, dass ein Teil der Bauernbevölkerung im Sommer zu saisonalen Unterkünften zog, wenn die Schafe auf die hoch gelegenen Weiden getrieben wurden. Nach Ausweis der Siedlungsgrabungen lassen sich auf den Färöern seit dem 10. Jh. Einzelhöfe in naturräumlich begrenzten kleinen Siedlungskammern nachweisen, die den Kern mittelalterlicher oder neuzeitlicher Innenfelder bilden. Das geregelte Innenfeld-Außenfeld-System ist offenbar erst im Laufe des hohen Mittelalters entstanden. Während der Wikingerzeit ist der Außenbereich offenbar als Saetr- Almwirtschaft genutzt worden. Eine relativ große Zahl wikingerzeitlicher Siedlungen – einzelne Höfe als auch Gruppen von Hofplätzen – ist archäologisch untersucht worden, darunter in den letzten Jahren auch einige Höfe des Hochlandes. Ferner sind Gräber bekannt. Die Zahl der bislang erschlossenen 20 Fundplätze stimmt dabei von wenigen Ausnahmen abgesehen nicht mit den in den Sagas genannten Orten überein. Zu den frühesten Nachweisen insular-skandinavischer Siedlungstätigkeit, die offenbar im Laufe des 10. Jahrhunderts einsetzt, gehören nach Ausweis ihrer Metallfunde das Gräberfeld von Tjörnuvik und die Siedlung Toftanes.

Bei Toftanes auf der Insel Eysturoy wurde ein größeres Siedlungsareal mit vier Höfen ausgegraben. Der Komplex besteht aus einem Wohnhaus mit zentraler Feuerstelle, einem Lagerhaus und zwei weiteren Gebäuden, von denen eines vermutlich eine Küche gewesen ist. Über fünfhundert Funde, darunter Schalen aus Speckstein, Glasperlen, Wetzsteine aus Schiefer, ein Spielbrett sowie weitere Gegenstände aus Holz, lassen das Leben der Nordleute auf dieser ent-

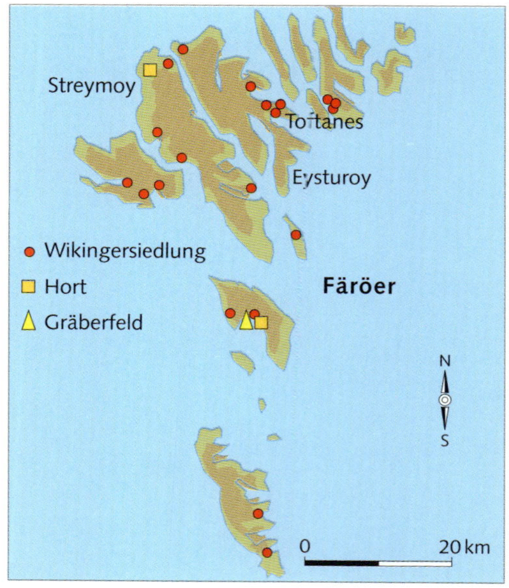

Die ersten nordischen Siedler auf den Färöer-Inseln ließen sich im 9. Jh. entlang der Küsten nieder.

legenen Insel deutlich werden. Toftanes war offensichtlich ein Hofkomplex von beträchtlicher Größe und Bedeutung. Weitere Untersuchungen haben sich auf Sennhütten in den Hochländern konzentriert. So sind eine Anzahl von Häusern mit Sodenwänden belegt, die sich in ihrer Konstruktion von den sonst nachgewiesenen wikingerzeitlichen Hauptgebäuden unterscheiden.

Nach dem Befund eines spätwikingerzeitlichen Hofes in Form eines Langhauses am Kliff von Kivik und anderen Belegen geht offensichtlich ein Teil der aus dem Mittelalter und der Neuzeit bekannten Siedlungskammern auf die Wikingerzeit zurück. Der kürzlich entdeckte Fund einer Reihe von heidnischen Gräbern in Sandur auf der südlichen Insel Sandoy hat neue Belege für eine frühe Präsenz der Wikinger geliefert. Ausgrabungen in der Nähe der Kirche wiesen umfangreiche Reste einer Besiedlung nach, so auch mehrere Holzkirchen, von denen die älteste mit einem aus dem 11. Jh. stammenden Münzhort in Verbindung gebracht wird. Der Fundort liegt in einem tiefliegenden, trockenen Gebiet, das sich sehr deutlich von den steilen vulkanischen Basalt- und Tuffabhängen der nördlichen Inseln unterscheidet. Weitere wikingerzeitliche Gräber befinden sich in Tjørnuvik an der Nordspitze Streymoys. Hier entdeckte man auf dem Gebiet eines Erdrutsches am Ende der kleinen

Island liegt direkt unterhalb des Polarkreises im hohen Norden. Hier befinden sich die größten Gletscher und aktivsten Vulkane Europas. Das Innere der Insel nimmt eine in weiten Teilen mit Eis und Lava bedeckte Hochebene ein. Vom Südwestteil der Insel reicht der Blick nach den kleinen Westmännerinseln.

Bucht eine Gruppe von Gräbern, die durch Steinsetzungen markiert waren. Somit dürften Kontakte nach Irland bestanden haben.

Fasst man die archäologischen Belege zusammen, so erfolgte eine Landnahme der Färöer erst während der mittleren und jüngeren Wikingerzeit, im 10. bis 11. Jh. Die literarische Überlieferung der Sagas lässt sich vorerst nicht mit dem archäologischen Quellenbild in Deckung bringen. Allgemein wird man nach der Sprachanalyse jedoch vermuten dürfen, dass die frühesten Siedler aus Norwegen und aus dem norwegisch-insularen Bereich der Britischen Inseln stammten.

Die Insel des Feuers: Island

Island liegt etwa 800 Meilen vor der Südwestküste Norwegens im mittleren Nordatlantik. Vulkane und Eis formen die größtenteils unwirtliche Landschaft der Insel. Lavafelder und Gletscher bedecken fast drei Viertel Islands. Ob Island vor der Ankunft der Wikinger durch irische Mönche besiedelt war, ist ungewiss. Archäologische Hinweise auf eine Besiedlung vor dem 9. Jh. und damit vor Ankunft der Nordleute gibt es bislang nicht; auch nicht im Gebiet der papa-Ortsnamen. Die Ankunft der Nordleute dürfte die irischen Mönche in jedem Fall gezwungen haben fortzuziehen. Historische Quellen wie auch archäologische Funde lassen erkennen, wie die Landnahme der Wikinger vonstatten ging. In dem in den zwanziger Jahren des 12. Jh. niedergelegten Buch von den Isländern wird berichtet, dass Island zuerst von Norwegen in den Tagen Haralds des Haarschönen besiedelt worden ist. Verfasser dieses Islendingabóks ist Ari Thorgilsson. Mit keinem Wort erwähnt er jedoch die Skandinavier, denen man die Entdeckung der Insel zuschreibt: den Schweden Gardar Svavarson und die Norweger Naddod und Floki. Ihre Namen sind durch zwei frühe lateinische Quellen bekannt, die Historia Norwegiae, verfasst um 1170, und die Historia de antiquate regum Norvagiensum, von ungefähr 1180. Floki soll Island den Namen gegeben haben,

aufgrund des dort erlebten harten Winters und des Eises. Glaubt man dieser Geschichte, dann wären bereits vor der Hauptbesiedlung mehrere Fahrten nach Island erfolgt. Als Ingolf nach langer Seefahrt das Land erblickte, soll er die verzierten Holzpfeiler seines Hochsitzes ins Meer geworfen haben. Das Besiedlungsbuch spricht von etwa 430 Landnehmern (landsnamsmenn), Männer und Frauen von Landnahmefamilien, die als erste Siedler Land in Besitz nahmen und bewirtschafteten, vorwiegend in der Ebene des Südlandes und in den Fjordtälern der anderen Landesteile. Jede Handbreit des fruchtbaren Bodens wurde bald von den nordischen Bauern besetzt, für Neuankömmlinge blieb nur schlechteres Land. Große oder alle Teile besiedelbaren Landes in dieser extremen Umwelt, weitgehend unter 200 m Höhe gelegen, waren offenbar innerhalb von zwei Generationen eingenommen. Sechzig Jahre nach der Landnahme, also um 930, war Island vollständig besiedelt, wenn man der schriftlichen Überlieferung folgt. Schwer lässt sich der jeweilige Anteil als auch die Anzahl aus den Herkunftsländern bestimmen. Man schätzt, dass 20 000 Menschen nach Island kamen und sich die Bevölkerung auf 60 000 vergrößerte.

Im Unterschied zu den Shetlands oder den Färöern erfolgte die Landnahme Islands nach Ansicht der mittelalterlichen Chronisten deshalb, weil die Unterwerfungspolitik des norwegischen Königs Olaf Schönhaars freie Bauern vertrieb. Es kamen jedoch nicht alle der ersten Siedler aus Norwegen, sondern auch aus Britannien und Irland. Da ein großer Teil Islands mit Eis und Lava bedeckt war, konzentrierte sich die nordische Besiedlung auf die Küstenregionen und die breiten Täler, vor allem im Südwesten der Insel. Das einst dicht besiedelte Thjorsa-Tal ist heute eine mit Vulkanschutt bedeckte Einöde. Die vulkanischen Ablagerungen stammen von einem der größten Vulkane der Insel, der Hekla. Nahe dieses Vulkans wurde 1939 der wikingerzeitliche Hofkomplex von Stöng freigelegt. Unter den langovalen Bauten mit den typischen Grassodenwänden fanden sich Spuren zweier älterer Siedlungsphasen. Zur 1100-Jahrfeier der Besiedlung Islands entstand 1974 eine Rekonstruktion der Halle. Die Wände bestanden aus quadratisch aufgeschichteten Grassoden. Das Dach wurde ebenfalls mit Soden bedeckt. Zur Isolierung erfolgte eine Auskleidung des Daches und der Wände mit Holz. Der Innenraum war in zwei Räume unterteilt, beide mit einer zentralen Halle und Feuerstellen mit Bänken versehen. Diese Raumgliederung blieb bis zum späten Mittelalter bei den isländischen Häusern gebräuchlich. In den Anbauten wurde Wolle verarbeitet. Möglicherweise diente ein Raum auch als Toilette.

Bislang sind von den 30 bäuerlichen Hofanlagen der Insel aus dem 10. und 11. Jh. 17 datiert. Allgemein werden die meist einzeln stehenden Langbauten mit nach außen gebogenen Wänden als früheste Hauptgebäude isländischer Höfe angesehen. Die archäologischen Quellengruppen der Insel umfassen ferner einige wenige Edelmetallhorte des 10. bis 11. Jh. mit Münzen und

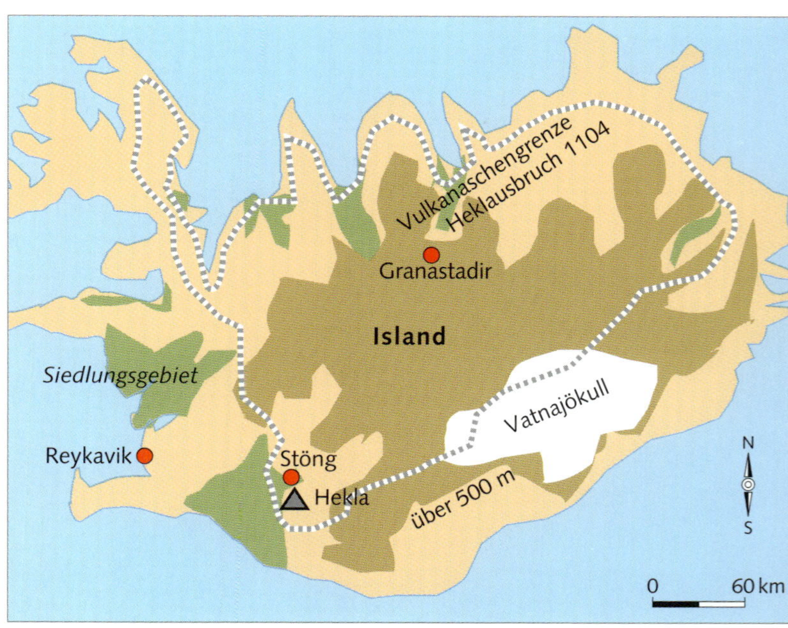

In Island konzentrierte sich nach Ausweis von Funden und der historischen Überlieferung des *Landnámabóks* die Besiedlung der Wikingerzeit auf die grünen Gebiete vor allem an der südwestlichen Küste und den in das Landesinnere führenden Fjorden. Im Inneren der Insel erlaubten hingegen die extremen Bedingungen der unfruchtbaren Hochebenen mit Gletschern und Vulkanen keine Besiedelung.

Eine der schönsten Naturkulissen Islands bilden die Lavafelsen von Thingvellir. Hier tagte seit 930 die älteste freiheitliche Nationalversammlung Europas.

Hacksilber sowie an die dreihundert Gräber von etwa 160 Gräberfeldern. Nach den Beigaben und der Lage in Hofnähe zu schließen, handelt es sich um heidnische Bestattungen, die vor der um 1000 erfolgten Christianisierung angelegt wurden. Die Verteilung der Gräberfelder spiegelt die siedlungsgünstigen Gebiete wider: Im Südwesten umfassen diese das Flachland, im Westen die küstennahen Bereiche sowie im Norden und Nordosten die landeinwärts führenden Fjordtäler. Ein Vergleich mit den aus dem Landnámabók bekannten Höfen zeigt jedoch, dass nicht alle siedlungsgünstigen Landesteile und -areale, heute 15% des gesamten Landes, im archäologischen Fundbild repräsentiert sind.

Insgesamt betrachtet, bietet das archäologische Fundgut aus Gräbern und Siedlungen beim derzeitigen Forschungsstand vorerst keine Hinweise auf eine Besiedlung Islands vor dem späten 9. Jh. Radiokarbondatierungen, die bis in das 7. Jh. zurückreichen, bestätigen sich bislang durch zeitgleiche archäologische Funde nicht. Diese stammen aus Kochgruben von Fundplätzen des 9. Jh. aus dem Süden der Insel. Weitere Eingriffe in die bis zur Landnahmezeit unberührte Landschaft wurden schließlich durch die Eisengewinnung verursacht. Andererseits bedrohte auch die Natur die Siedelareale. So befanden sich über Gräbern aus der Zeit des späten 9. und 10. Jh. vulkanische Ablagerungen. Während des Mittelalters erfolgte durch Neugründungen eine Siedlungsverdichtung, zugleich sind aber Wüstungsvorgänge belegt, die einzelne Höfe betrafen.

Einer der bezeichnendsten Aspekte wikingerzeitlicher Besiedlung auf Island war die Einrichtung einer allgemeinen Gerichtsversammlung: des Althings. Es fand jeden Sommer zwei Wochen lang an einem Ort namens Thingvellir statt. Sicher begünstigte die extreme Landschaft und die weit entfernte Lage dieser Insel solche

Freiheitsbestrebungen. Eine adelige Grundherrschaft kam in solchen Gebieten anders als im mittelalterlichen Mitteleuropa nicht zum Tragen.

Das Wagnis: Wikingersiedlungen auf Grönland

Zu den extremsten von Menschen ganzjährig bewohnten Gebieten auf unserer Erde gehört zweifelsohne die größtenteils von Inlandeis bedeckte Insel Grönland. Der Zeitraum der ältesten Landnahme von Skandinaviern im nordatlantischen Bereich fällt in das 9./10. und frühe 11. Jh. Die hochmittelalterliche schriftliche Überlieferung bezeugt einen zeitlich gestaffelten Vorgang der Landnahmen vom letzten Drittel des 9. bis zum Beginn des 11. Jahrhunderts. Während nach Aussage archäologischer Quellen die Färöer und Island im 9. Jh. erreicht wurden, erfolgte eine eigentliche Landnahme in Grönland wohl erst in der zweiten Hälfte des 10. Jh. Schriftliche Quellen wie auch die Ortsnamen belegen, dass an den Landnahmevorgängen Siedlergruppen aus Norwegen, aber auch aus Dänemark und Schweden beteiligt waren.

Mit wenigen Sätzen über Erik den Roten schildert Ari Thorgilsson in dem Isländerbuch den Beginn eines der erstaunlichsten Unternehmen mittelalterlicher Landerschließung, die im Jahre 985 oder 986, kurz vor 1000, dem Jahr der Christianisierung Islands, einsetzte: »Das Land, welches Grönland genannt wird, wurde von Island aus entdeckt und besiedelt. Erik der Rote hieß der Mann ... er gab dem Land den Namen und nannte es Grönland; das meinte er, würde den Leuten Lust machen, hinzufahren, wenn

Als Erik der Rote 998 Grönland erreichte, fand er im Südwesten des eisigen Landes Fjorde mit grünen Küsten vor.

Das warme Klima um 1000 n. Chr. ermöglichte die Gründung der Ostsiedlung und der weiter nördlich gelegenen mittleren Siedlung sowie der Westsiedlung.

das Land einen so schönen Namen hätte.« Erik hatte im Jahre 970 ein seit tausend Jahren dicht besiedeltes Gebiet Südwestnorwegens verlassen, hatte auf Island einen Hof gegründet und war wegen mehrmaligen Totschlags, wie es in den Quellen heißt, für friedlos erklärt worden. Daher verließ er Island 982, um nach den sagenhaften, westlich von Island liegenden Gunnbjörninseln zu suchen. Die Saga berichtet ferner, dass Erik genügend Freiwillige sammeln konnte, um eine Expedition von 25 Schiffen zusammenzustellen. Um etwa 985 setzten sie in Island Segel. Schließlich fand Erik bei seinen sich über drei Jahre erstreckenden Irrfahrten ein Land vor, das im Osten aufgrund steil abfallender Klippen und Eisschilde unwirtlich war, im Südwesten dagegen etwas bot, was er von Island her kannte: große, stellenweise mit Zwergbirke und -weide besetzte Grasflächen auf den Ebenen und flachen Berghängen in den inneren Fjordabschnitten – grünes Land, Grönland. Dies hat man den größten Betrug aller Zeiten genannt, doch wer heute im Sommer Grönland besucht, wird erstaunlich viel Grünland an den Küstenfjorden und in den Tälern des südgrönländischen Inlands finden. Zwischen dem Meer und der rauen Küste im Westen sowie den Gletschern im Osten bot das Grasland entlang der Fjorde den Lebensraum für die Siedlergruppen. Im »Kongespejlet«, einer norwegischen Schrift aus der ersten Hälfte des 13. Jh., wird von den grönländischen Höfen erzählt, »dass in Grönland gute Weiden sind und große und gute Höfe, denn man hat dort Vieh und viele Schafe, und man macht dort viel Butter und Käse; davon lebt man hauptsächlich und ebenfalls von Fleisch und Fang jeder Art, sowohl Rentierfleisch, Walfleisch, Seehundefleisch und Bärenfleisch.«

Die wesentlichen historischen Nachrichten über die Besiedlung Grönlands enthalten die Schriften Islendingabók (Isländerbuch), Landnámabók (Landnahmebuch: GHM I, 178), Grønlendingasaga und Eriks Saga Rauda (GHM I, 206). Danach hatten nur 14 Schiffe die Reise von Island nach Grönland überstanden: Sie umrundeten Kap Farvel und erreichten die geschützten Fjorde der Bucht von Julianehåb, wie sie heute genannt wird, wo sie einen sicheren Ankerplatz, gute Fischgründe und Weideland fanden. Hier gründeten sie die heutige Ostsiedlung. Etwa 300 bis 400 km weiter nördlich, am Godhåbsfjord, entstand die Westsiedlung.

Das Gebiet der Ostsiedlung besteht aus von Fjorden umspülten Inseln und Halbinseln. An der Küste herrscht ein raues Klima mit Durchschnittstemperaturen, von 5 bis 6° C. Die spärliche Vegetation besteht aus Zwergbüschen, Moosen und Flechten. Im Fjordinneren herrscht ein günstigeres Klima; hier liegt die Durchschnittstemperatur im Sommer bei 10° C. Das Tiefland bedecken hier, neben Seen und Mooren, Heiden mit Zwergbirken- und Weiden, Blaubeeren,

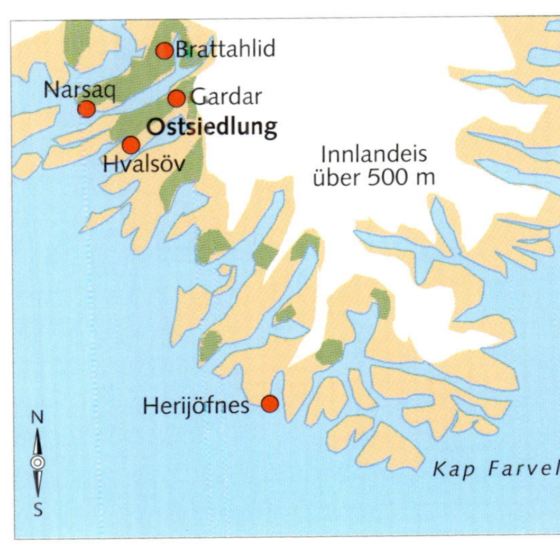

Die größte der skandinavischen Siedlungen in Grönland war die Ostsiedlung. Hier befand sich auch der Bistumssitz Gardar.

schwarzen Krähenbeeren; aber auch Wälder mit 3 bis 4 m hohen Schwarzbirken, oder Weiden, die eine Höhe von 10 m erreichen können. Erik wählte den günstigsten Platz für sich selbst, und sein Hof in Brattahlid im Inneren des Eiriksfjords wurde das politische Zentrum der Ostsiedlung.

Die heutigen Befunde werden von den Archäologen als »Ruinengruppen« bezeichnet, da deren Funktionsdeutung nicht immer möglich ist. Die einzelnen Gebäude solcher Ruinengruppen gehören in den meisten Fällen zu einer eigenständigen Wirtschaftseinheit, wobei die Gleichzeitigkeit aller Gebäude oft fraglich ist. Die Wirtschaftseinheiten umfassen neben dem Wohnhaus, Ställe, Scheunen, Lagerhäuser und kleine verlassene Gebäude, wie beispielsweise Schmieden. Die Häuser waren aus Torf und Grassoden errichtet, besaßen aber meistens ein Fundament aus Trockensteinmauern. Diese verlieh den Bauten bei regelmäßiger Wartung eine erheblich längere Lebensdauer als den isländischen Bauten, die meist nicht länger als 50 Jahre hielten. Hinsichtlich ihrer baulichen Reste lassen sich die Ruinengruppen in einräumige Langhäuser, jüngere, mehrräumige Ganghäuser und zentralisierte Höfe einteilen. Letzterer in Grönland entwickelter Typ kam in einem besonderen Maße dem kalten Klima entgegen und ist daher besonders häufig in der extremer positionierten Ostsiedlung anzutreffen.

Zweifellos war Erik der Rote nach drei Überwinterungen in der Lage, die wirtschaftlichen Möglichkeiten abzuschätzen, die sich viehzüchtenden Bauern in dem eisfreien Landstreifen des Südwestens boten, dessen Sommer so warm sein konnten wie auf Island, teilweise sogar noch wärmer, deren Winter jedoch viel strenger waren. Nach Ablauf seiner Ächtungszeit kehrte Erik 985 nach Island zurück und führte seine Familie und eine größere Anzahl Siedler auf 25 Schiffen nach Grönland, von denen allerdings nach wochenlanger Seereise nur 14 zu dem 1300 km entfernten Land ihr Ziel erreichten, wie das Landnámábok (GHM I, 178) und Eriks Saga Rauda (GHM I, 206) berichten. Um 1000 wurde das Christentum auf Grönland eingeführt (Eriks Saga Rauda, GHM I, 208), an dem Eriks Sohn Leif eine nicht unwesentliche Rolle gespielt hatte. Die Saga von Einar Sokkeson (GHM II, 672, 676, 680–685) berichtet, dass um das Jahr 1125 ein gewisser Arnald als erster Bischof in Grönland eingesetzt wurde. Im Jahre 1261 wurden die Grönländer dem norwegischen König Håkon Håkonsen untertan (GHM II, 774–779). Aufgrund der großen Distanz dürfte dies außer der Entrichtung von Steuern keine größeren Konsequenzen für die Bauern auf der Insel gehabt haben.

Brattahlid, wo Erik der Rote mit seiner Frau Thjodhild siedelte, liegt bei der heutigen Ortschaft Qagssiarssuk gegenüber des Flugplatzes von Narssarssuaq. Auf der Brattahlid-Ebene befinden sich insgesamt drei Hofanlagen aus der Nordländerzeit. Die heute noch im Gelände sichtbare Anlage besteht aus einem Wohnkomplex mit einer 5 m breiten und 15 m langen Halle, aneinandergebauten Ställen, darunter zwei Kuhställen mit Boxen, einer Kirche mit vierecki-

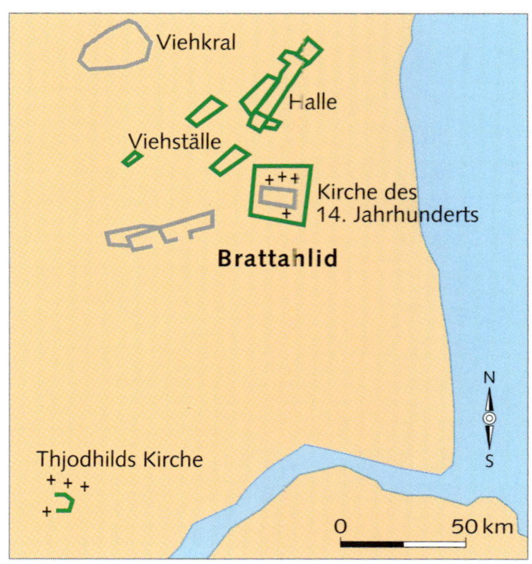

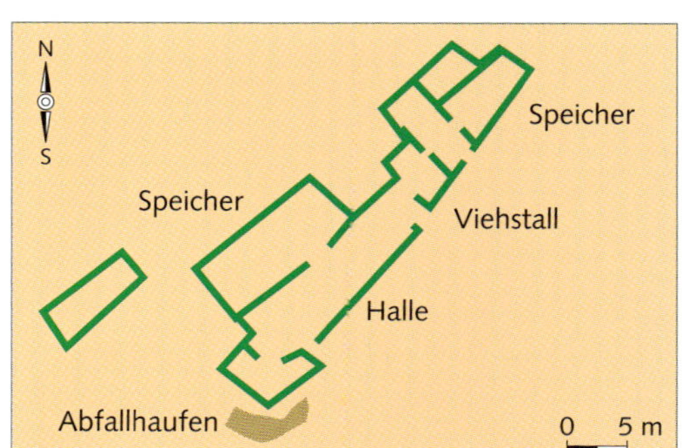

In Brattahlid, an einem steilen Abhang über dem Eiriksfjord, erbaute Erik der Rote gegen Ende des 10. Jh. seinen Hof. Bis in das späte Mittelalter wurde dieser Komplex erweitert. Die neben der Halle stehende Kirche stammt aus dem 14. Jh.

Der steinerne Rest eines Vorratshauses des Bischofs von Gardar ist ebenso wie die Kirche als Ruine erhalten geblieben.

gem Friedhofsbereich und einer Reihe kleinerer Wirtschaftsgebäude.

Im Jahre 1961 fand man etwas über 150 m südwestlich des Hofes Reste eines kleinen Kirchengebäudes mit 2 m Breite und 5,5 m Länge. Diesen Holzbau schützten dicke Sodenwände. Die in skandinavischer Bauweise errichtete Kirche mit gebogenen Wänden und gerade abgeschnittenem Giebel ist wahrscheinlich Grönlands ältestes Kirchengebäude. Bei Ausgrabungen 1962 bis 1965 wurden außer der Kirche auf dem Friedhof etwa 150 Gräber entdeckt. Unter den gefundenen Skeletten sind vermutlich die von Erik dem Roten, Thjodhild und des Sohnes Leif des Glücklichen. Die Kirche markiert heute ein niedriger Bodenwall. Dem Bau gaben die Ausgräber den Namen »Thjodhilds Kirche«. Die Frau Eriks des Roten war zum Christentum übergetreten, nachdem ihr Sohn Leif von Norwegen nach Grönland zurückgekehrt war. Dieser hatte den Sagas zufolge von König Olaf Tryggvasson den Auftrag erhalten, den neuen Glauben in der Kolonie einzuführen. Daher ließ sie eine kleine Kirche für sich und einige Anhänger bauen. Erik weigerte sich jedoch, seinen alten Glauben aufzugeben, was seine frömmelnde Frau weidlich ärgerte.

Nördlich von Brattahlid sind im Qordlortoq-Tal mehrere Bauernhöfe lokalisiert. Im inneren Fjordgebiet der Westsiedlung – in Sandnes – liegen unter dem Wasserspiegel des heutigen Fjords mehrere Gebäudes eines Hofkomplexes, bestehend aus Kuhställen und einer Kirche. Der Dauerfrostboden hat die Überreste der Gebäude aus Stein und Grassoden isländischen Typs hervorragend erhalten.

Eine weitere Siedlung befindet sich in 15 km Entfernung vom Julianehåb in Hvalsø (Qaqortukuloq). Im isländischen Landnámabók wird berichtet, dass ein Mann namens Torkel Farsek, ein Vetter Erik des Roten, etwa 985 nach Grönland fuhr und sich am Hvalsøfjord ansiedelte. Bekanntestes Monument ist der um 1300 errichtete rechteckige, 8 m breite und 16 m lange Kirchenbau, dessen Mauern fast in voller Höhe erhalten sind. Die Mauern bestehen aus Feldsteinen, die mit Mörtel verbunden sind. Ferner sind Ställe, Scheunen und Speicher belegt.

Der letzte sichere schriftliche Hinweis, den wir von den skandinavischen Nordländern auf Grönland erhalten, handelt von einer Kirche in Hvalsø am 16. September 1408. In einem Brief bezeugen zwei namentlich genannte grönländische Pfarrer eine Trauung und berichten, dass viele Menschen in der Kirche anwesend waren. Der Ort heißt heute Igaliko und liegt etwa 20 km südlich von Narssarssuaq. Der Dom, der den Nordflügel in der großen Anlage bildet, wurde dem Heiligen der Seefahrt, St. Nikolaus, geweiht. In der Nordkapelle des Chors fand man bei der Ausgrabung das Grab eines Bischofs. Der begrabene Bischof ist wahrscheinlich Jon Smyrill (Zwergfalke), Pflegevater des norwegischen Königs Sverre und 1209 begraben. Die bischöfliche Wohnung selbst, die den Westflügel der Anlage bildet, ist ein sehr bedeutender Gebäudekomplex gewesen. Die Fassade der Wohnung war 50 m lang und der größte Raum, die Halle, maß 8 m in der Breite und 17 m in der Länge und hat mehrere hundert Menschen fassen können. Den Südflügel der Anlage bildet ein 65 m langer Kuhstall, der mit dem nördlichen Kuhstall zusammen nicht weniger als 100 Kühen Platz bot. Ein weiterer Bau wird die Zehntscheune des Bischofsitzes gewesen sein. Außer den hier erwähnten Gebäuden liegen in dem Hofareal und der großen Hauswiese zahlreiche große und kleine Häuser, Scheunen, Ställe, Speicher, insgesamt etwa 30 Gebäude. Die 15 ha große Hauswiese des Bischofs wurde künstlich durch ein System von Gräben bewässert, die von einem nahe gelegenen Bach abgeführt wurden. Um 1300 sollen nach den historischen Quellen in der Ostsiedlung 190 Höfe, zwölf Gemeindekirchen und zwei Klöster sowie in der Westsiedlung neunzig Höfe und vier Kirchen bestanden haben. Archäologische Ausgrabungen zeigen jedoch, dass diese Zahlen noch zu niedrig sind. In der Ostsiedlung sind allein Überreste von 450 Höfen nachgewiesen, von denen die meisten derselben Periode angehören. Nur in der Ostsiedlung reichte das bewohnte Gebiet bis an die Küste heran. Hier lagen Flächen mit sanft gewellten und tief gelegenen Weiden. Die meisten der bisher in Grönland untersuchten Fundorte gehören zur spätnordischen Phase. Hingegen entstand der Hof von Narssaq in der Ostsiedlung in einer Frühphase der Landnahme. Der schlichte Bau erinnert an Befunde von den Färöern. Die verlassenen Höfe sind im Laufe der Jahrhunderte zu niedrigen, überwachsenen, mit Steinen gefüllten Erderhöhungen zusammengefallen. Bei einzelnen Befunden ist der ursprüngliche Umriss und Plan der Gebäude noch zu erkennen. Aber erst archäologische Ausgrabungen lassen deren Funktion als Wohnungen, Ställe, Scheunen und Hürden deutlich werden.

Die Dichte der Siedlungen zeigt, dass von Brattahlid aus auch die umliegenden Fjorde systematisch erschlossen wurden. So waren schon einige Mitglieder von Eriks ursprünglicher Siedlergruppe sogar weitere 650 km die Küste entlang gesegelt, bis sie den Schutz des Gothåbsfjords, wie er heute heißt, erreichten. Hier gründeten sie die Westsiedlung (Vesterbygden), die in Wirklichkeit im Norden der Ostsiedlung (Østerbygden) liegt. Die Westsiedlung lag hauptsächlich in einer aus Gneisen bestehenden Fjordlandschaft mit Sommertemperaturen, die mit 10° C ähnlich denen der Ostsiedlung waren. Auch gibt es im Gebiet um den Godhåbsfjord keine Wälder. Die Gründung beider Siedlungen folgte in damals wohl menschenleeren Gebieten. Zwischen beiden gab es eine kleinere Ansammlung von etwa 20 Höfen, die Mittlere Siedlung.

In den beiden größeren Siedlungsgebieten der West- und Ostsiedlung drängten sich die nordischen Bauernhöfe in den geschützten Teilen der inneren Fjorde zusammen, wo die klimatischen Bedingungen weniger extrem waren als an der Küste. Anhand von Pollendiagrammen aus Seen der Ostsiedlung lassen sich Spuren der Landnahmezeit in der Vegetation ausmachen. Bei dem Pollendiagramm vom Comarum Sø, bei Brattahlid, dem Hof Eriks des Roten, lässt sich die Landnahmephase am Übergang zwischen den Phasen F und G eingrenzen, die einen Rückgang von Birke (betula) und Weide (salix) sowie die Einführung von Sauerampfer (acetosa) zeigt. Das zweite Diagramm von Galium Kær bietet ein entsprechendes Bild. Die Kurven von Birke (betula), Weide (salix) und Farn (Gymnocarpium) fallen. Farne wachsen in moosigem Gestrüpp, das ebenso wie die Baumarten, zurückgedrängt wird. Hingegen treten Ampfer (rumex), Schafgarbe (achillea), Leimkraut (silene acaulis), Wegerich (plantago) und Thymian (thymus praedox) neu auf, alles Kräuter, die in den neu geschaffenen, offenen Wei-

SILA – The Greenland Research Centre des Nationalmuseums Kopenhagen untersucht unter Leitung von J. Arneborg wikingerzeitliche Siedlungsreste auf Grönland. Hier wird ein Hofplatz in der Westsiedlung freigelegt.

deflächen wachsen. Auch dürften von den Siedlern die Vegetationsmatten für ihre Grassodenbauten abgetragen worden sein. Die Weidewirtschaft und der Bau von Häusern in dieser extremen Landschaft hatte somit erhebliche Veränderungen der Umwelt zur Folge.

Da die Grönland Siedler aus Island kamen, nahmen sie von dort ihre angestammte Wirtschaftsweise mit, die auf der Haltung von Tieren, hauptsächlich von Ziegen, Schafen und Rindern basierte. Schon die Wahl der Siedlungsplätze war darauf ausgelegt, denn die Innerfjordgebiete des Südwestens Grönlands sind der einzige Bereich, wo aufgrund der klimatischen Bedingungen und Vegetationsverhältnisse auf Grönland eine derartige Wirtschaftsform betrieben werden kann. Allerdings könnte es sich auch um eingesammelten Dünen- oder Strandhafer (elymus) handeln. Daraus wurde dann wie in Island Mehl hergestellt, das auch in einigen grönländischen Siedlungen nachgewiesen ist. Allerdings spielte der Anbau von Getreide im Verhältnis zur Weidewirtschaft aufgrund der klimatischen Bedingungen keine große Rolle. Das größte Problem der Weidewirtschaft in Grönland besteht in der kurzen, nur vier bis fünf Monate dauernden Wachstumsphase. Für den Rest des Jahres musste in großen Mengen Winterfutter geerntet und gelagert werden.

Neben der Weidewirtschaft entlang der inneren Fjorde war auch die Nähe der Siedlungen zum Wasser wichtig. Die Fjorde bildeten nicht nur ideale Verkehrswege, sondern enthielten auch wertvolle maritime Ressourcen. Auch in den weiter von den Fjorden entfernt liegenden Siedlungen finden sich Fischknochen. Neben Fischfang spielt auch die Jagd eine besondere Rolle. Über die Hälfte aller Knochen in den Siedlungen stammen von Wildtieren. Da Harpunen und andere Jagdwaffen nicht nachgewiesen sind, dürften die Robben mit Netzen gefangen worden sein. Auf Karibus erfolgte eine Treibjagd. Außerdem sind Jagdzüge, die »Nordrsetjur«, über 800 km nordwärts bis zur Disko Bay nachgewiesen. Hier gerieten die Nordmänner in Konkurrenz mit den Inuit als Jäger und Sammler

um die Verteilung der natürlichen Ressourcen. Die Felle der erbeuteten Tiere waren ein wichtiges Gut für den Handel mit Europa, der den Nordleuten auf Grönland wiederum dringend benötigte Ressourcen einbrachte, wie Metalle, Holz, Textilien und möglicherweise auch Getreide.

Im Rahmen des Norse-Inuit-Projektes von 1976 bis 1977 wurden von ausgewählten Höfen der West- und Ostsiedlung Tierknochen geborgen und ausgewertet. Da das Material nicht aus chronologisch trennbaren Schichten stammte und auch die Dauer der Besiedlung einzelner Ruinengruppen unklar ist, sind die Ergebnisse nur relativ zu betrachten. Die meisten Tierknochen stammen wohl aus den letzten 100 Jahren der Besiedlung. Auffällig ist, dass in der Westsiedlung der Anteil von Haustier- und Wildtierknochen etwa gleich ist, während in der Ostsiedlung die Jagd überwog. Bei den domestizierten Tieren handelt es sich um Schafe, Ziegen und Rinder, seltener auch Hund und Schwein. Bei den Wildtieren dominieren Karibu und Seehund, doch es kommen auch Vögel, Fische, Fuchs und Hase sowie Eisbär und Walross vor, letztere wohl erlegte Tiere von Fangfahrten. Die Größe der Bauten lässt auf soziale Unterschiede zwischen den Bewohnern schließen, was wiederum im Viehbestand zum Ausdruck kommt.

Wie beschrieben, lagen die einzelnen Ruinengruppen in lockerer Streuung entlang der inneren Fjorde, jeweils einige Kilometer vom Nachbarhof entfernt. Jeder Hof besaß somit ein festgelegtes Weideareal in seiner Umgebung. Setzt man die heutige Größe des offenen Landes in ein Verhältnis zu den Ruinengruppen, zeigt sich, dass größere Höfe mit größeren Hallen, Scheunen und Kirche auch über ein umfangreicheres Weideland als kleinere verfügten. Bei diesen Höfen überwog auch der Karibu- und Hundeanteil. Hingegen fanden sich in den kleineren Höfen häufiger Robben und Ziegen. Rinderhaltung und Jagd auf Karibus repräsentieren somit den führenden sozialen Status. In Notzeiten dürften die kleineren Höfe stärker von den größeren abhängig gewesen sein.

Die Sommermonate Juni bis August waren die wichtigsten Monate für die Viehhaltung der Nordleute. Nur in dieser kurzen Zeit konnte das Vieh auf der Weide stehen, sowie Heu und anderes Winterfutter ebenso wie die Wintervorräte für den Menschen in größerem Maße gesammelt werden. Hinzu trat die Jagd auf Robben, die normalerweise im Mai und Juni vor den Küsten des südwestlichen Grönlands auftauchen, sowie auf Karibus. Nur während der Sommermonate konnte man auch zur See fahren. Während der langen Wintermonate wurde das Vieh aufgestallt und musste versorgt werden. Bedenkt man die entscheidende Rolle des Winterfutters, so dürfte es neben den Siedlungen an den Fjorden auch höher gelegene Saetr-Höfe gegeben haben. Entsprechende Hinweise auf eine Saetr-Wirtschaft wurden im Qordlortoq-Tal gefunden. Das Tal liegt in der Nähe der Ruinengruppe Bratahlid im Norden der Ostsiedlung, einem der wohl fruchtbarsten Gebiete Grönlands. Auf den Hochebenen des Tals kamen eine Anzahl bislang unbekannter Ruinen zutage, die zu klein sind, um als eigenständige Höfe angesprochen zu werden. Vermutlich wurde bei dieser Form der Saetr-Wirtschaft, dem »Dairy Saetr«, der größte Teil der Erzeugnisse in das Tal zum Haupthof gebracht.

Wie auf Island und in Skandinavien muss somit die Saetr-Wirtschaft auch in Grönland eine wesentliche Rolle gespielt haben. Die Bedingungen dort waren jedoch viel extremer. Die jährliche Wachstumsphase war noch kürzer als auf Island, Holz war knapp und das Klima erheblichen Schwankungen unterworfen. Der wichtigste Faktor der grönländischen Wirtschaft, das Einbringen des Winterfutters, konnte durch ungünstige externe Einflüsse, wie vor allem klimatische Veränderungen, plötzliche Wetterumschwünge und frühe Wintereinbrüche, beeinträchtigt werden. Aber auch menschliche Eingriffe, wie Überfälle der von Norden her vorstoßenden Inuit, konnten die Wirtschaft schwer schädigen.

Das Klima Westgrönlands wird maßgeblich von den Strömungen beeinflusst, welche die Küsten umfließen. Entscheidend ist dabei das Stärkeverhältnis der Ströme zueinander, die zusammen den Davis-Strom, der entlang der westgrönländischen Küste fließt, bilden. Der ost-

In der Kirche von Hvalsø fand nach der historischen Überlieferung im späten Mittelalter noch eine Trauung statt.

grönländische Strom transportiert große Mengen Treibeis um die Südspitze Grönlands herum, die das Klima Südwestgrönlands nachhaltig beeinflussen. Untersuchungen zeigten, dass zwischen 1860 und 1910 aufgrund großer Treibeismengen ein nasses und kaltes Klima den Bestand an Karibus und Dorschen auf ein Minimum sinken ließ, während die Robben die südwestgrönländischen Küsten mieden. Parallel zu diesem feuchten Klima stieg die Zahl der Füchse. Die Besiedlung Grönlands war aber ebenso wie die Islands in einer günstigen klimatischen Phase erfolgt, die zwischen dem 9. und 12. Jh. ein vergleichsweise mildes Klima im Nordatlantik aufwies. Im Sommer konnten genügend Futterpflanzen angebaut werden, um im Winter Vieh versorgen zu können. Dennoch müssen die Bedingungen in den grönländischen Siedlungen hart gewesen sein, besonders in der nördlicheren Westsiedlung. Isländische Quellen deuten an, dass um 1250 bis 1350 große Mengen Treibeis im grönländischen Raum vorhanden gewesen sein müssen.

Neben den isländischen Quellen, die für das 13. und 14. Jh. eine Zunahme der Treibeismenge im Nordatlantik sowie eine Klimaverschlechterung andeuten, belegen naturwissenschaftliche Eisbohrkernuntersuchungen diese Klimaverschlechterung. Bei der Untersuchung von Eisbohrkernen wird ein Zusammenhang zwischen dem Anteil des Sauerstoffisotops delta-18-O und der Oberflächentemperatur zugrunde gelegt. Mehr negative delta-18-O-Werte korrespondieren mit niedrigen Temperaturen. Allerdings

spielen in diese Werte zahlreiche, schwer auszuschaltende Faktoren hinein. Somit kommt auch den naturwissenschaftlichen Untersuchungen nur eine tendenzielle Betrachtung zu, keine absoluten Werte. Zudem werden kleinere Klimaschwankungen nicht erfasst. Immerhin deuten diese Untersuchungen auf eine Klimaverschlechterung nach 1000 n. Chr. hin, die kurz vor 1400 ihren bisherigen Höhepunkt erreichte.

Nicht ganz fünfhundert Jahre lebten die Einwanderer und ihre Nachkommen auf Grönland. Die Westsiedlung war aber schon in der Mitte des 14. Jh. verödet, während die klimatisch günstiger liegende Ostsiedlung bis weit in das 15. Jh. bewohnt war, wie Kleidungsreste und Grabfunde belegen. Ihr Ende mag eine Folge des kälter werdenden Klimas oder auch der Pest, von der Grönland nicht verschont blieb, gewesen sein. Vielleicht haben auch Auseinandersetzungen mit den Inuit eine Rolle gespielt – wir wissen es nicht. Denn über die späte Entwicklung in den grönländischen Siedlungsgebieten sind die Auskünfte spärlich und die Ursachen, die zum endgültigen Aufgeben der Besiedlung im 15. Jh. führten, unklar.

Im Jahre 1350 berichtet der Bischof Ivar Baardsson, er habe die Westsiedlung verlassen vorgefunden; nachdem bereits für das 14. Jh. die schriftlichen Quellen vom Niedergang der Grönländischen Gemeinschaft künden. Noch 1342 zählte der Bischof hier 90 Höfe und vier Kirchen.

Isländische Quellen berichten von strengen Wintern und nassen Sommern für die Jahre 1341, 1343, 1348 und 1349. In dieser Zeit brach auch der Handelskontakt mit Europa ab, was fatale Auswirkungen gehabt haben dürfte. Import mit Rohstoffen war für die Existenz der Siedlung ebenso entscheidend wie die Fangfahrten, die den Handel mit Europa gewährleisteten. Schlechtere klimatische Bedingungen dürften normalerweise zu einer Umstellung der Wirtschaftsweise führen. Zu erwarten wäre die Umstellung der Rinderhaltung auf Ziegen und Schafe sowie eine größere Konzentration auf maritime Ressourcen. Umgekehrt hatten die Inuit keine Scheu, europäische Geräte zu benutzen. Sie kamen offensichtlich besser mit ihrer extremen Umwelt zurecht als die Nordleute. Nach dem Tode des Bischofs Alf im Jahre 1378 wurde jedenfalls kein Ersatz mehr nach der entfernten Insel geschickt. Die letzte historische Erwähnung der nordeuropäischen Siedlung stammt aus dem Jahre 1408. Hier wird von einer Hochzeit in der Kirche von Hvalsø berichtet (Diplomae, GHM III, 145–158). Um 1500 dürfte auch das Leben in der Ostsiedlung erloschen sein.

Trotz allem sollte man sich hüten, die europäische Besiedlung als einen gescheiterten Versuch des Überlebens in einer solchen extremen Region anzusehen. Während der meisten Zeit ihrer Anwesenheit hatten die Nordleute auf Grönland große Siedlungen mit mehreren Kirchen und einem eigenen Bischof. Immerhin hatten sie nahezu 500 Jahre in Südwestgrönland gesiedelt, länger, als Europäer auf dem nordamerikanischen Kontinent leben.

Zu neuen Welten: Leif Erikson entdeckt Amerika

Bjarne Herjulfsson war den Sagas zufolge ein Bursche von 20 Jahren. Auf einer Seereise geriet sein Schiff in einen Sturm und verlor den Kurs. Nach weiteren vier Tagen schien wieder die Sonne. Bjarne und die Mannschaft segelten weiter nach Westen. Nachdem Land in Sicht gekommen war, stellte man fest, dass es sich nicht um Grönland mit seinen steilen Küsten und Gletschern handelte. Das Land machte einen freundlicheren Eindruck und wies kleine Hügel auf. Bjarne segelte entlang der Küste weiter, erblickte später ein bewaldetes Gebiet, kehrte nach zwei weiteren Tagen um und setzte Kurs auf Grönland.

Der Sohn Eriks des Roten, Leif Erikson, erfuhr von den Beobachtungen Bjarnes und rüstete 992 ein Schiff mit einer Besatzung von 35 Mann für eine Reise nach Westen aus. Schließlich erreichte Leif eine Insel mit Gletschern und eine graslose Küste, die er Helluland (Baffininsel) nannte. Er segelte weiter und erreichte ein flaches, bewaldetes Land mit weißen Stränden, das den Namen Markland (Labrador) erhielt. Schließlich kamen sie in ein Land, dass sie Vinland (Neufundland) nannten. Hier wollten sie den Winter verbringen, da es hier genug Gras für mitgeführte Tiere und Holz für den Bau von Häusern gab. In den Flüssen und der See schwammen Lachse, die größer waren als in Norwegen. Thorvald Erikson, Leifs Bruder, sprach sich für die Erforschung eines größeren Gebietes aus. Leif schlug vor, sein Bruder sollte mit dem gleichen Schiff wieder westwärts segeln. So unternahmen mit Thorvald 30 Männer die Fahrt und überwinterten dort. Den anschließenden Sommer verbrachte man mit der weiteren Erforschung der Küste und nach einem zweiten Winter in Vinland setzte man die Reise fort. So erreichte man mit dem Segelschiff eine bewaldete Landspitze, die Thorvald sehr geeignet für den Bau einer Heimstätte erschien. In diesem schönen Land lauerten jedoch Gefahren. Es kam zu Kämpfen mit den Eingeborenen, in deren Verlauf Thorvald verwundet wurde und starb.

Die traurige Kunde gelangte nach Grönland, aber man gab das Unternehmen nicht verloren und blieb bei dem Entschluss, das neue Land zu besiedeln. Thorfinn, der den Winter bei Leif Erikson auf dessen Hof Brattahlid verbracht hatte, war ein Mann von großem Reichtum. Mit einer Gruppe von etwa 160 Umsiedlern, darunter einigen Frauen, begab er sich auf die Reise. Sie führten Vieh mit, ein Indiz dafür, dass man eine neue Kolonie gründen wollte. Nach gut verlaufender Überfahrt verbrachten sie den Winter in Vinland. Nach einem zweiten Winter kam es zu Auseinandersetzungen mit den Eingeborenen. Wohl aus Furcht vor weiteren Kämpfen mit den zahlreicheren Indianern trat man nach einer weiteren Überwinterung die Heimfahrt nach Grönland an.

Die letzte in der Saga erwähnte Expedition führte ebenfalls nicht zur längeren Ansiedlung in Nordamerika. Nach der Überwinterung brach unter den Siedlern Unfrieden aus. So weit das Bild, das sich den Sagas entnehmen lässt.

Weitere Informationen bieten Ausgrabungen in der Siedlung Lánse-aux-Meadows in Neufundland. Das unebene, zerklüftete Gelände bedeckt eiszeitliches Geröll. Die tiefer liegenden Gebiete mit bis zu 30 m Höhe weisen Reste mariner Sedimente auf. Die Siedlung selbst liegt auf der seeseitigen Kante einer Terrasse mit etwa 4 bis 6 m Seehöhe, eine weitere befindet sich dahinter auf 12 bis 14 m Seehöhe. Das Klima, das die Siedler hier vorfanden, war subarktisch mit kühlen Sommern und Nebel, der häufig auch im Sommer auftrat. Im wärmsten Monat, dem August, werden heute zwischen 9 und 16,5° C erreicht. Die durchschnittliche Temperatur von Dezember bis Februar beträgt –15,9°. Nach naturwissenschaftlichen Untersuchungen darf während der wikingerzeitlichen Siedlungsphase von einem wärmeren Klima ausgegangen werden, sodass die Durchschnittstemperaturen um 1000 einige Grad über den heutigen lagen.

Die windoffenen Flächen weisen eine Gras-, Kraut- oder Heide- und Moorvegetation auf, die nur nackte Felsen durchbrechen. Südwestlich erstrecken sich Wälder mit Kiefern (Picea mariana), Tannen (A. balsamea) und Lärchen (Larix laricina). Ebenso kommen Erlen (Alnus crispa), Birken (verschiedene Betula Arten), Weiden (Salix spp.) und Eschen (Sorbus decora) vor, seltener auch Wachholder (Juniperus communis, Juniperus horizontalis) und Espen (Populus balsamifera, Populus tremoluides).

Von dieser Tundren- und Waldvegetation umgeben, lagen nahe der Küste acht Gebäude. Ein schmaler mäandrierender Bach mündete in der Nähe der Siedlung in das Meer. Die Siedlung selbst besteht aus drei, sich in nord-südlicher Richtung auf der Terrasse erstreckenden Komplexen, die wiederum jeweils eine Halle mit flankierendem Nebengebäude bzw. einem Gru-

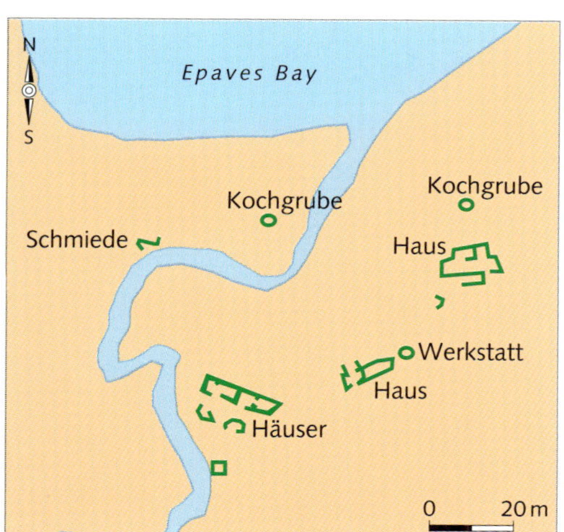

An der nördlichsten Spitze Neufundlands liegt die Siedlung Lánse-aux-Meadows, der bislang einzige Nachweis für die Anwesenheit der Wikinger in Nordamerika. Auf den Abhängen über einer Bucht standen mehrere aus Grassoden erbaute Häuser und Werkstätten.

benhaus umfassen. Der südlichste Komplex enthält außerdem ein kleines rundes Gebäude neben der Halle. Die Wände der Hallen und kleineren Gebäude sind zweischalig und bestehen aus einem innen liegenden Kern mit Gesteinsmaterial, den Torfsoden begrenzen. Funde wie persönliche Objekte, Abfälle von Tischlerarbeiten, hölzerne Objekte, Reste von Bootsnägeln, Knochennadeln und Eisenschlacken weisen in die Wikingerzeit. Wirtschaftliche Grundlage der Siedlung war die Jagd und der Fischfang. Auch eine gewisse Handelsfunktion mit den Einheimischen mag die Siedlung besessen haben. Es wurden keine Gräber gefunden. Die festen Häuser erlaubten ein Überwintern, wenn auch Hinweise bäuerlicher Wirtschaft fehlen. Die Anbindung der Siedlung an das Hinterland war zudem nicht gegeben. Solche ungeschützten Orte hätte man auf Grönland nicht besiedelt. Wenn auch noch viele Fragen offen bleiben, der archäologische Nachweis der Entdeckung Nordamerikas durch die Wikinger ist geglückt!

Nordsee, Flüsse, Seen und Moore

Auf Pfählen: Siedlungen an Seen und Mooren

Die fast geschlossenen Wälder, die während der Jungsteinzeit Mitteleuropa bedeckten und im Flachland nur Seebereiche und Moore offen ließen, führten im Umkreis der Alpen zu Seeuferrand- und Moorsiedlungen, mit denen sich die Menschen der Umwelt am besten anpassten. Zwar handelt es sich nicht um eine marginale Landschaft, in der diese Siedlungen entstanden, dennoch mussten sich die Menschen in ihrer Siedelweise den speziellen Umweltbedingungen der Gewässer anpassen, um überleben zu können. Da der Spiegel vieler Seen im Alpenvorland zeitweilig mehrere Meter unter dem heutigen Niveau lag, konnten Siedlungen entlang des Ufers oder am morastigen Seeuferrand auf Pfählen errichtet werden. Stieg der Spiegel, wurden die Siedlungen meist aufgegeben und landeinwärts verlegt. Die alten Siedlungsreste wurden überschwemmt und von Seeablagerungen bedeckt. Eine Besiedlung lässt sich meist in mehreren Zeitblöcken seit etwa 4000 v. Chr. fassen. So folgen in der Schweiz Siedlungen des älteren Neolithikums auf solche vom Übergang des Jung- zum Spätneolithikum, wie der Horgener Kultur (3200 – 2970 v. Chr.). Die heute teilweise tiefer in den Seen liegenden Siedlungsreste lassen sich nur mithilfe der Unterwasserarchäologie dokumentieren. Im Zürichsee beispielsweise bedeckten teilweise dicke Ablagerungen von Seekreide am Kleinen Haffner mehrere Siedlungsreste. Die untersten bis 4 m tief im Seeboden liegenden und 6 bis 7 m unterhalb der heutigen Wasseroberfläche ruhenden Schichten aus dem 5. Jt. v. Chr. überlagert eine dicke weiße Seekreideschicht. Pfähle und andere Bauelemente erlauben heute eine präzise dendrochronologische Datierung in ausgezeichnet konservierten Fundstellen und ihrer Hinterlassenschaften. Im Verlauf der Forschungsgeschichte wurden verschiedene Rekonstruktionen dieser Pfahlbauten entwickelt: Zunächst nahm F. Keller 1854 an, dass die Siedlungen im Züricher See auf einer gemeinsamen Plattform im offenen Wasser errichtet worden waren. Hingegen ging H. Reinerth anhand der Befunde von Pfahlbauten aus dem Federsee in Baden-Württemberg von Siedlungen aus, die an den Seeufern errichtet worden waren und nur von Hochwässern erreicht wurden. Manche Archäologen stellten gar

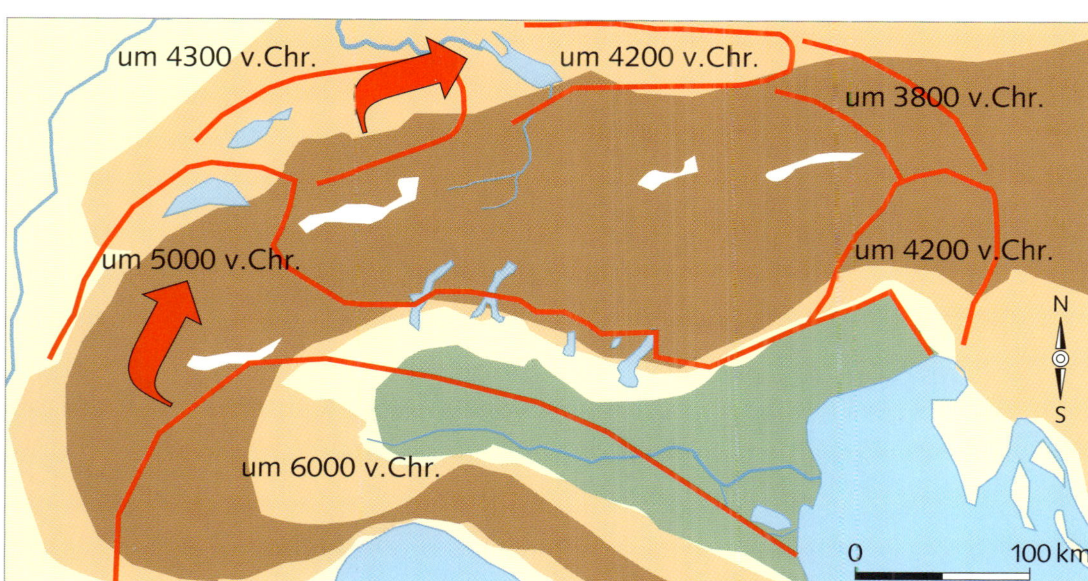

Die Ausbreitung einer besonderen Form des Nacktweizens, des sog. Pfahlbauweizens, vermittelt eine Vorstellung davon, wie sich die Seeuferrandsiedlungen vom mediterranen Raum nach Norden ausdehnten.

die Existenz von Pfahlbausiedlungen in Seen gänzlich in Frage. Ausgrabungen seit 1970 konnten hingegen nachweisen, dass es neben ebenerdigen Ufersiedlungen auch Pfahlbausiedlungen oder Feuchtbodensiedlungen gab, die an den überschwemmungsgefährdeten Ufern lagen oder von Inseln aus in den See hinaus gebaut wurden.

Nicht alle neolithischen Kulturgruppen verfügten über Erfahrungen im Bau solcher Feuchtbodensiedlungen. In Seen außerhalb des Alpenvorlandes, wie in Norddeutschland oder Skandinavien, kam es bis auf wenige Ausnahmen, wie etwa am Dümmer in Niedersachsen oder in den metallzeitlichen Feuchtbodensiedlungen auf den britischen Inseln, nicht zur Errichtung von Pfahlbausiedlungen. Die Tradition, Häuser auf Pfählen an Seeufern zu errichten, stammte aus dem westlichen Mittelmeerraum des 6. Jt. v. Chr. Von dort breiteten sich Feuchtbodensiedlungen nach Norden aus. Es war keine einheitliche Kultur, die diese Siedlungen errichtete, sondern die Siedler gehörten zu verschiedenen Kulturgruppen, wie dem westmediterranen und donauländischen Kulturkreis. Mit der speziellen Siedelweise an den Seeufern übernahmen dann donauländische Kulturgruppen mediterrane Traditionen wie den Anbau von Nacktweizen.

An den Schweizer Mittelandseen lassen sich erste Pfahlbausiedlungen mit der Egolzwiler Kultur um 4300 v. Chr. am Zürichsee fassen. Die westlichsten Ausläufer des Pfahlbauphänomens befinden sich an kleinen Seen im französischen Jura, die südöstlichsten in Slowenien. Die früheste Besiedlung an den Seeufern im östlichen Frankreich erfolgte in der zweiten Hälfte des 6. Jt. v. Chr., somit zeitgleich wie die Ausbreitung der bandkeramischen Kultur auf den Löss- und Lehmböden des Elsass. Wie überall nordwestlich der Alpen verdichtete sich die Besiedlung der Seeufer jedoch erst ab dem Beginn des 4. Jt. v. Chr. In Slowenien begannen in dieser Zeit die Randkulturen der donauländischen Lengyelkultur, vor allem im Gebiet um Laibach, ihre Häuser auf Pfählen zu errichten. Auch am Federsee in Südwestdeutschland entstanden zahlreiche Feuchtbodensiedlungen.

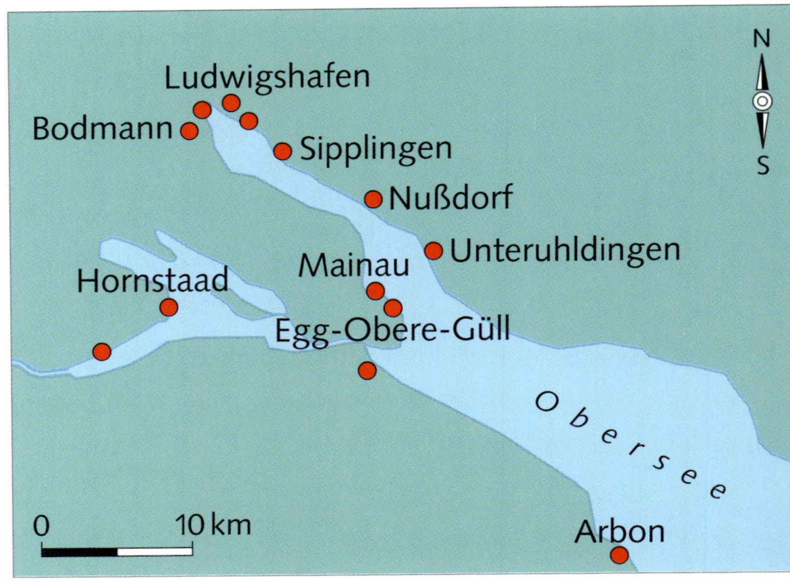

Die Ufer des Bodensees waren im Neolithikum und der Bronzezeit dicht besiedelt. Eingetragen sind die bekanntesten Pfahlbausiedlungen.

Die dichte Konzentration der Siedlungen an den Seeufern fällt in den Zeitraum eines gemäßigten Klimas mit geringfügigen Schwankungen zwischen warmen und feuchten sowie warmen und trockenen Zeiten. In den Alpen hatten sich die Gletscher weit zurückgezogen. Ohne diese speziellen Siedlungsformen hätte es keine Besiedlung an den Seen des Alpenvorlandes gegeben. Die Siedelzentren lagen außerhalb des Alpenvorlandes auf den fruchtbaren Lössgebieten an den Hängen entlang von Flüssen oder Bächen. Extremere Bedingungen in diesen Randgebieten führten dann zu besonderen Siedlungsformen wie den Feuchtbodensiedlungen.

Die wirtschaftlichen Grundlagen der Menschen in den Seeufersiedlungen bildeten Jagd, Fischfang, Sammeltätigkeit, Viehhaltung und Ackerbau. Durch die Jagd auf Gämsen gelangte mancher Jäger aus in Alpennähe gelegenen

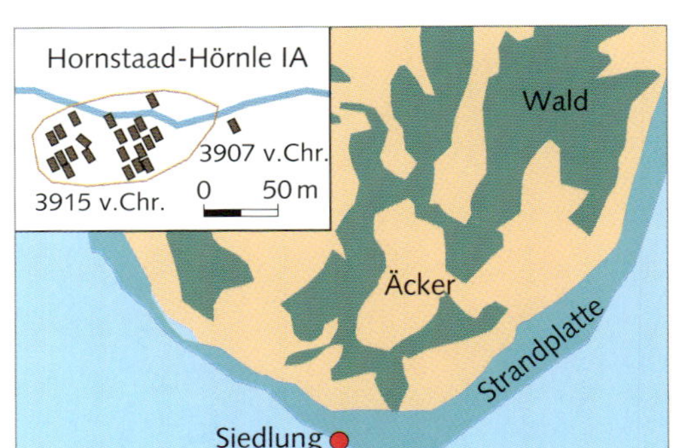

Von den Seeuferrandsiedlungen aus wurden die bewaldeten Hänge des Hinterlandes intensiv landwirtschaftlich genutzt. Infolge von Rodungen und der Anlage von Wirtschaftsflächen entstand aus der Naturlandschaft des Waldes eine Kulturlandschaft aus einem Mosaik von Feldern, Gebüsch und Jungwald.

Siedlungen bis ins Hochgebirge. In den umliegenden Wäldern wurden Wildscheine und Hirsche gejagt. Sammeln, Fischen und Jagen wurde auch lange Zeit nach Einführung der Landwirtschaft in diesen Siedlungen betrieben. Davon zeugen Früchte wie Haselnüsse, Eicheln, Beeren, Äpfel und Birnen.

Der Ackerbau erfuhr in der Bronzezeit noch eine Erweiterung. Das ertragsarme Einkorn verschwand weitgehend. Zu den alten Getreidesorten – Einkorn, Zwergweizen, Emmer, Gerste und Hirse – wurden auch Hafer und Spelz, an Gartenpflanzen auch Kohl, Rüben, Linsen, Erbsen und besonders Ackerbohnen angebaut.

In den durch Rodungen erweiterten Seeufersiedlungen der späten Frühbronzezeit bildete neben Jagd, Fischfang und Ackerbau auch die Viehhaltung eine wirtschaftliche Grundlage. An Haustieren hielten die Menschen Ziegen, Schafe, Rinder und Hausschweine; bei den Siedlungen der Bronzezeit kam das Pferd hinzu.

Wichtigster Rohstofflieferant der Seeuferrandsiedlungen war der Wald. Eichen und Eschen dienten als bevorzugtes Bauholz, auch weniger stabile Hölzer wie Pappeln, Erlen und Weiden wurden verbaut. Die intensive Nutzung des Urwaldes führte zu einer merklichen Veränderung des Waldbildes. Für die Beschaffung von Holz ebenso wie für die Anlage von Feldern wurde der Wald im Umkreis der Siedlungen gerodet. Zu Beginn der Besiedlung wurden erste Schneisen mit parallel geschäfteten Äxten in den Wald geschlagen. Mit steigender Siedlungstätigkeit und Bevölkerungszahl griffen die Siedler auf Junghölzer aus den Rodungsflächen zurück, die als Stockausschlag auf den Baumresten wuchsen. So entstand aus dem Primär- ein Sekundärwald. Längere Schlagtätigkeiten und regelmäßige Durchforstungen des Niederwuchses veränderten die Vegetation im Umfeld der Siedlung weiter. Gegen Ende der Siedlungstätigkeit wurden Althölzer in den Siedlungen verwen-

Die Pfahlbausiedlung Unteruhldingen vermittelt einen Eindruck vom Erscheinungsbild solcher Siedlungen. Sie lagen sowohl in den Seen als auch an den Ufern oder auf Inseln.

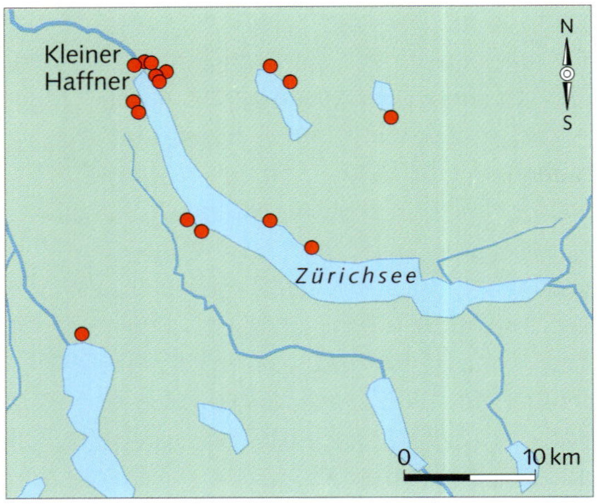

Pfahlbausiedlungen finden sich an zahlreichen Schweizer Seen, wie etwa dem Zürichsee.

det, die auf einen stark ausgelichteten und degradierten Nutzwald schließen lassen.

Neben der Arbeit in den Wäldern und auf den Feldern zur Rohstoff- und Nahrungsbeschaffung waren die Herstellung von Keramik, die Bearbeitung von Knochen und Geweih, Holz und Stein, die Textilfertigung und seit dem 2. Jt. auch die Metallurgie wichtige Faktoren des Alltages in den Siedlungen. Zwar wurden viele Güter im Hauswerk hergestellt, dennoch lagen die Siedlungen nicht isoliert. Denn teilweise durch Flüsse miteinander verbundene Seen bildeten ideale Verkehrswege in einer sonst von undurchdringlichen Wäldern bedeckten Landschaft. Für Siedlungen an kleineren Seen galt dies allerdings weniger. Die Fernkontakte sind durch Funde belegt, so stammen etwa zahlreiche neolithische Aphanit Beile aus den Vogesen. Silex wurde bei den Siedlungen der Westschweiz häufig aus dem Pariser Becken, der Bourgogne und Südfrankreich bezogen. Der Anteil dieses qualitativ hochwertigen Silex macht in den Siedlungen um 3800 v.Chr. noch ein Drittel aus und verringert sich dann stetig. Um 3200 v. Chr. werden nur noch lokale Ressourcen genutzt. Gegen 3000 v.Chr. leben dann die traditionellen Südwestbeziehungen wieder auf, während des Endneolithikums verstärkt sich der Austausch von Gütern noch, indem nun Schmuck und Kupferartefakte aus Südwestfrankreich, große Stabdolche aus westfranzösischem Grand-Pressigny-Silex, Bernsteinperlen aus dem Baltikum und Felsgesteinbeile aus dem inneralpinen Raum bezogen wurden.

Während der Bronzezeit sind Seeufersiedlungen nur in den kurzen Zeitabschnitten der frühen und späten Phasen dieser Periode zu fassen. Am Ende der Bronzezeit um 800 v. Chr. wurde das Siedeln auf Pfahlrosten aufgegeben. Über 3000 Jahre hatten die Menschen sich an die Umwelt der Seen in optimaler Weise angepasst. Der moorige Untergrund stellte besondere Anforderungen an die Bauweise der Häuser und Plattformen. Zwar ließen sich bis 4 m lange Pfosten leicht in den Morast drücken, doch die auf den Plattformen errichteten Bauten mussten aufgrund des instabilen Untergrundes leicht sein.

Zahlreiche Untersuchungen im Voralpengebiet gestatten einen Einblick in die Siedel- und Wirtschaftsweise einzelner Pfahlbausiedlungen. Eine der ältesten jungsteinzeitlichen Siedlungen am Bodensee liegt bei Hornstaad. Die Siedlung Hörnle IA entstand um 3915 v. Chr. während einer Phase niedriger Wasserstände. Auf einer 7800 m^2 großen, vegetationslosen Strandplatte errichteten die Siedler 40 gleichzeitig bestehende Häuser ohne umgebende Palisade. Die Anordnung der in Ost-West Richtung orientierten Bauten erfolgte parallel zum Seeufer in unregelmäßigen Zeilen. Die etwa 3,50 m

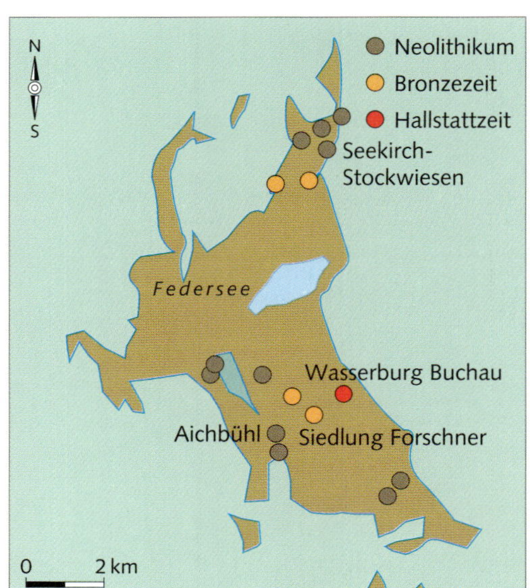

Am Federsee mit seinen gut untersuchten Pfahlbausiedlungen erobert sich das Land immer mehr Raum zurück.

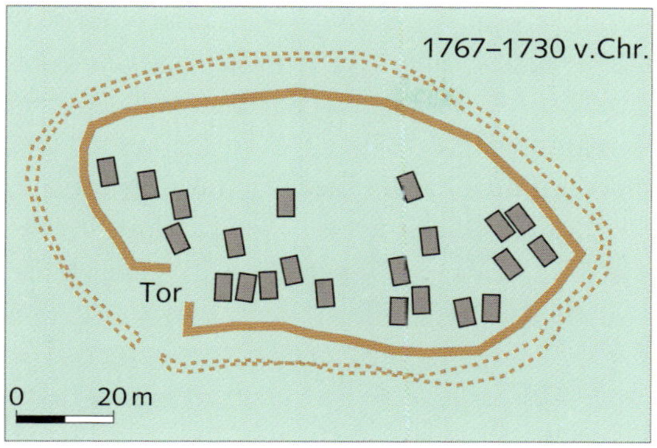

Die am Federsee bei Bad Buchau freigelegte Siedlung Forschner gehört zu den befestigten Pfahlbausiedlungen der Bronzezeit

breiten und 8 bis 10 m langen Häuser wurden auf langen, in den Untergrund eingelassenen und auf Pfahlschuhen ruhenden Pfählen errichtet. Sie trugen den Hausboden und die mit Lehm verstrichenen Hauwände. Letztere bestanden teilweise auch aus Spaltbohlen. Einzelne Gebäude dienten der Lagerung des Getreides. Die gleichförmige Bebauung lässt eine soziale Differenzierung innerhalb der Siedlung nicht erkennen. Kurz nach ihrer Erbauung vernichtete ein Brand die Siedlung. Direkt nach der Brandkatastrophe wurde die Siedlung, vielleicht mithilfe von Menschen aus den umliegenden Feuchtbodensiedlungen, wieder aufgebaut.

Das Umfeld der Siedlung wurde intensiv landwirtschaftlich genutzt. Auf den kleinen Äckern wurden jeweils für sich Nacktweizen (Triticum durum), Gerste (Hordeum vulgare), Einkorn (Triticum monococcum) und Emmer (Triticum dicoccum) angebaut. Die kleinen Ackerfelder wurden ohne Brache bewirtschaftet, wobei das Unkraut ständig entfernt werden musste. Die Versorgung mit Fleisch stellte im Wesentlichen die Jagd auf Hirsche, Ur- und Wildschweine sicher. Zahlreiche Netzfragmente und Netzsenker belegen die große Bedeutung des Fischfangs für die Siedlung. Das wenige eigene Vieh wurde in den Wald getrieben. Die Laubfütterung ergänzte die Nahrungsgrundlage des Hausviehs im Winter. Zahlreiche Funde belegen, dass die Bewohner von Hornstaad Hörnle ebenso wie die anderer Siedlungen von einem weiträumigen Güteraustausch profitierten. Eine wertvolle Kupferscheibe aus dem Brandschutt der Siedlung stammte aus dem östlichen Mitteleuropa, Schmuckschnecken vor allem aus dem mediterranen Raum.

Mit dem Ende der Pfyner Kultur wurden viele Seeuferrandsiedlungen aufgegeben, bevor mit der Horgener Kultur wiederum Siedlungen an den Seen entstanden. Die Uferbank im Bereich von Sipplingen am Bodensee lässt erkennen, dass die Besiedlung an den Seeufern nur in Zeiten niedrigen Wasserstandes erfolgte. Pfahlreste markieren die Baufluchten von Häusern, die zwischen 2917 und 2856 v. Chr. in bis zu 20 m langen Zeilen parallel zum ehemaligen Seeufer bestanden. Deren Anordnung lässt auf eine Planung schließen. Die Häuserzeilen aneinander grenzender Kleinbauten oder einzelner Großbauten schlossen an schmale, mit Bohlen ausgelegte Wege an. Mehrere Zugangswege führten in die von einer Palisade umgebenen Siedlung.

Neben dem Bodenseeraum ist besonders der Federsee siedlungsarchäologisch gut dokumentiert. Der am Ausgang der letzten Eiszeit noch etwa 50 m² große See hat sich seitdem immer weiter verkleinert. Seine Ränder umsäumt eine Riedvegetation. Hier befinden sich die bisher bekannten Pfahlbausiedlungen. Eine erste jungsteinzeitliche Landnahme am Federsee erfolgte durch die Kulturen der Linearbandkeramik und Stichbandkeramik. Deren Siedlungen lagen auf den Randhöhen des Seebeckens. In der Aichbühler Kultur seit 4200 v. Chr. und der nachfolgenden Schussenrieder Kultur entstanden dann die ersten Siedlungen an der Seeuferzone. Mit Ödenahlen wurde dann auch eine Siedlung der Pfyn-Altheimer Gruppe um 3700 v.Chr. entdeckt. Neben ebenerdigen Bauten wurden hier auch erste Häuser auf Stelzen errichtet. In dem eng bebauten Siedlungsareal standen etwa 20 bis 30 Häuser. Aus dem Dullenried lassen sich zwei Siedlungen der Horgener Kultur anführen. Die gut dokumentierte Siedlung von Seekirch-Stockwiesen weist mit teilweise 5 m breiten und 15 m langen Bauten erstaunlich große Häuser auf. Elf nachgewiesene Exemplare waren mit ihren Eingängen zu einem durch die Siedlung führenden Bohlenweg ausgerichtet. In das Endneolithikum zwischen 2900 und 2600 v. Chr. gehören am Federsee Siedlungen der Goldberger Kultur. In den Siedlungen Alleshausen-Täschenwiesen und -Grundwiesen wurden kleine Gebäude mit Wänden in Blockbauweise ausgegraben. In den ungegliederten Innenräumen befand sich meist eine Feuerstelle.

Mit dem Übergang zur Bronzezeit lässt sich in vielen Pfahlbaugebieten eine kurze Stagnationsperiode beobachten, dennoch deutet sich in den Voralpenräumen eine Kontinuität der Besiedlung an. In Südwestdeutschland liegen nach bisherigem Forschungsstand die ältesten Seeuferrandsiedlungen der frühen Bronzezeit am westlichen Bodenseeufer, vor allem im Gebiet der Insel Mainau, in der Bodmanner Bucht und bei Nussdorf. Untersuchte Pfahlfelder bei Bodman-Schachen gehörten zu einer Siedlung der älteren Frühbronze- bis mittleren Bronzezeit. Am Beginn stand eine offene Siedlung mit zwei unregelmäßig angeordneten Häuserzeilen aus acht bis neun gleich großen Häusern. Weit stärker befestigt war die nur etwa 20 km entfernt liegende Siedlung von Egg-Obere Güll I. Eine um 1620 v. Chr. errichtete massive, bis 3 m hohe Spaltbohlenwand schützte hier mehrere auf Pfählen errichtete Bauten. Mit dieser Anlage ist die auf 1750 v. Chr. datierte Siedlung Forschner am Federseemoor vergleichbar.

Das Ende der Feuchtbodensiedlungen kam mit der Urnenfelder Kultur. Zu den jüngsten Seeuferrandsiedlungen zählt die Siedlung von Horn auf einer Halbinsel an dem bereits erwähnten Nussbaumer See im südlichen Bodenseeraum. Die 8500 km^2 große Siedlung bestand während der zweiten Hälfte des 9. Jh. v. Chr. Mit etwa einhundert kleinen Häusern gehört sie zu den größten spätbronzezeitlichen Siedlungen in der Zentral- und Nordostschweiz. Die Wirtschaft der Siedlung beruhte vor allem auf Ackerbau und Viehhaltung, in erster Linie von Rindern, gefolgt von Pferden, Schafen, Ziegen und Hausschweinen. Im Unterschied zu den frühen Seeuferrandsiedlungen war die Jagd nur noch von untergeordneter Bedeutung. In die Urnenfelder Zeit fällt auch die Errichtung besonders gut befestigter Siedlungen, wie der so genannten »Wasserburg Buchau«.

Obwohl der oberschwäbische Raum vom Neolithikum bis in die späte Bronzezeit durchgehend besiedelt war, zeigen die archäologischen und pollenanalytischen Untersuchungen, dass die Seeufer oft nur kurzzeitig bewohnt waren und die Siedlungen aufgegeben oder verlegt wurden. Auf einen steigenden Seespiegel reagierten die Bewohner also eher passiv, indem sie ihre Siedlungen in weiterer Entfernung von den Ufern errichteten und nicht etwa durch eine Erhöhung ihrer Pfahlbausiedlungen.

Zwischen Watt und Land: Erste Siedlungen in den Nordseemarschen

Die faszinierende Region der niederländischen und nordwestdeutschen Nordseeküste mit ihren Watten, Sänden, Inseln, Halligen und Marschen ist das Ergebnis des Wechselspiels zwischen den gewaltigen Kräften der Natur und der Einflussnahme durch den Menschen. Über Jahrtausende war der Mensch von den Kräften des Meeres abhängig. Bei Sturmfluten wurden die Nordseemarschen vom Meer überschwemmt. Das salzige Wasser bedeckte auch die Wirtschaftsflächen der Siedler. Gegen Sturmfluten schützten die Menschen sich durch den Bau von Warften oder Wurten, die sie mit Mist und tonigem Marschboden, Klei genannt, erhöhten. Glaubt man der Schilderung des Römers Plinius, der im 1. Jh. mit einer Flottenexpedition die Nordseeküste besuchte, war das Leben in diesem extremen Naturraum für die Menschen gefahrvoll und mühsam. Er schreibt in seiner Naturalis Historia (16,2): »Auch im Norden habe ich Stämme der Chauken gesehen, welche in die großen und die kleinen eingeteilt werden...Hier haust das ärmliche Volk auf hohen Hügeln ...«.

War es wirklich vor 2000 Jahren so ein Wagnis am Rande des Meeres in den Marschen zu siedeln? Archäologische, geologische und paläobotanische Untersuchungen zeichnen ein weit differenzierteres Bild, als es Plinius möglich war. Die ersten Siedlungen in den Seemarschen lagen meist auf Uferwällen entlang von Prielen. Diese hatte das Meer mit Ablagerungen von Sanden und Tonen aufgehöht. Entlang der Küs-

Die seit der frühen Neuzeit über mittelalterlichem Kulturland aufgewachsenen nordfriesischen Halligen liefern ein Beispiel für die Lebensweise in den Marschen des 1. Jt. n. Chr. Wie seit alter Zeit üblich, bilden auch hier bei Sturmfluten Warften eine sichere Rückzugsmöglichkeit für Mensch und Vieh. Links oben ist die Hallig Hooge zu erkennen. Um die mittelalterliche Hallig weisen Kulturspuren des frühen Mittelalters im Watt eine ältere Marschensiedlung aus.

0,80 m über NN und der begrenzten Fläche auf dem höheren Uferwall, wurde die Siedlung um 300 n. Chr. aufgegeben.

Süderbusenwurth gehört zu einer ganzen Reihe weiterer Marschensiedlungen im Dithmarscher Küstengebiet, die teilweise in die römische Kaiserzeit zurückreichen. Im Norden des Dithmarscher Küstengebietes zwischen der heutigen Meldorfer Bucht und der Eidermündung finden sich zwei Reihen von Siedlungen der ersten nachchristlichen Jahrhunderte. Die Landnahme erfolgte hier nach Ausweis der Ausgrabungen 2 km vom Geestrand entfernt. Bei Tiebensee entstand im frühen 1. Jh. n.Chr. eine kleine Siedlung mit mehreren Wohnstallhäusern, die auf einem höheren Marschrücken in der Seemarsch angelegt worden waren. Die Siedlung wurde vermutlich verlassen, nachdem ein steigender Meeresspiegel auch zur Erhöhung des Grundwassers führte, was eine Vernässung und schließlich Vermoorung des Hinterlandes auslöste. Nachweise dieser Sietlandsvermoorung sind heute noch in Resten mit dem Weißen Moor in Norderdithmarschen erhalten, das nachweislich um die Mitte des 1. Jt. n. Chr. bestand.

Die Einschränkung des Wirtschaftsareals könnte Anlass für die Aufgabe der geestnahen Siedlungsreihe und die Verlagerung von Siedlungen nach Westen gewesen sein. Etwa 2 km westlich von Tiebensee entfernt bauten sich die Siedler um 150 n. Chr. eine neue Existenz auf. Das Siedelniveau lag mit + 1,50 m über NN etwa ähnlich hoch wie das der Flachsiedlungen weiter im Osten. Größere Dorfwurten entwickelten sich nur da, wo günstige naturräumliche Bedingungen und Verkehrslagen eine platzkonstante Besiedlung über mehrere Jahrhunderte erlaubten. Ein Beispiel ist die in den Jahren 1948 bis 1952 untersuchte Dorfwurt Tofting nordöstlich von Tönning. Sie entstand im 2. Jh. auf einem bis + 1,40 m über NN hohen Uferwall der alten Eider, die bogenförmig in die Nordsee mündete und einen kleineren Mündungstrichter als heu-

Ausgrabungen an der Dorfwurt Süderbusenwurth, Dithmarschen, legten ein auf einer Hofwurt errichtetes Wohnstallhaus frei. Zwischen etwa 50 n. Chr. und 150 n. Chr. standen hier drei Häuser, die sich stallwärts nach Osten verschoben. Das Foto zeigt das Stallende des jüngsten Baus.

Luftaufnahme der Hofwurt, deren jüngste Erweiterungsphase aus Mist von einem Wall aus gepackten Kleisoden begrenzt wurde.

te besaß. Die Umgebung der Dorfwurt bildeten Salzwiesen. Da der Uferwall bereits von höher auflaufenden Sturmfluten erfasst werden konnte, begannen die Siedler mit der Aufhöhung ihrer Häuser zu Hofwurten, die über mehrere Jahrhunderte besiedelt blieben. Die wirtschaftliche Grundlage der Marschensiedlung beruhte zwar wie die der anderen auf Viehhaltung, römische Importfunde in Form von Terra Sigillata Keramik belegen aber, dass die Bewohner weit mehr als die des Hinterlandes oder der kleineren Siedlungen von dem über See gehenden, maritimen Fernhandel profitierten.

Durch höhere Uferwälle entlang der Eider wurde das anschließende Hinterland dem direkten Meereseinfluss entzogen. In so geschützter Lage entstanden hier kleinere Marschensiedlungen. Ebenfalls dicht besiedelt waren die höher aufragenden Sandwälle von Garding und Tating. Hier erstreckten sich neben Siedlungen auch Urnengräberfelder. Nördlich der Sandwälle vermoorten die Marschen jedoch schnell, da im Nordwesten des heutigen nordfriesischen Wattenmeeres liegende Geestkerne und Nehrungen eine natürliche Barriere bildeten. Erst als diese vom Meer durchtrennt wurden, überflutete die Nordsee das nördliche Eiderstedt und lagerte über dem Moor bis zu 1 m mächtige Ablagerungen aus tonigen Sedimenten ab. Um die Wende des 1. nachchristlichen Jahrtausends bildeten sich hier erneut Seemarschen.

Nach den Wirren der Völkerwanderungszeit hatte eine erneute Landnahme die schleswig-holsteinischen Seemarschen erfasst. Unklar müssen bislang die Motive bleiben, warum die germanischen Siedlergruppen die Seemarschen überhaupt verlassen hatten. Vielleicht zwangen höhere und häufigere Überflutungen der Wirtschaftsareale zu einer Aufgabe der Siedlungen. Vielleicht war es der Zusammenbruch des römischen Reiches oder Abenteuerlust, welche die Menschen in die Ferne zog. Auch die Siedlungsgebiete auf der schleswig-holsteinischen Geest wurden in dieser Zeit verlassen. Paläo-

botanische Untersuchungen belegen, dass über Siedlungen und Felder in Angeln und Schwansen an der Ostküste des Landes wieder Wald wuchs. Ob eine Restbevölkerung im Lande verblieb, ist ungeklärt – sicher ist, dass um 700 n. Chr. wieder Menschen an der Nordseeküste Schleswig-Holsteins wohnten.

Die frühmittelalterliche Landnahme bäuerlicher Siedlergruppen erschloss zunächst die höher aufgelandeten küstennahen Flächen der Dithmarscher Seemarsch. Wie der Chronist Adam von Bremen berichtet, bildete Dithmarschen in dieser Zeit einen Teil der drei sächsischen Stämme nördlich der Elbe. Das Gebiet des Teilstammes der Dithmarscher erstreckte sich von der Eider im Norden bis zur Elbe im Süden und umfasste im Westen Seemarschen und vermoorte Sietländer, im Osten zwischen Mooren gelegene, inselartige, bewaldete Geestkerne. Vermutlich befand sich ein weiterer Ringwall auf dem von der Nordsee her erreichbaren Geestrand von Meldorf. Neben den Burgen dokumentieren einige Gräberfelder mit Beigaben von Sporen und Reiterausrüstung eine berittene, adelige Elite an der Spitze des Landes. Die Burganlagen dürften nach der Eroberung der nördlichen sächsischen Gebiete zwischen Elbe und Eider durch Karl den Großen nach 798 weiter benutzt worden sein. So entstand der Ringwall der Stellerburg nur wenige Jahrzehnte vor der Einbeziehung Dithmarschens in das Fränkische Reich. Weil das Gebiet an der Peripherie dieses Reiches gelegen und von der Landseite nur schwer zugänglich war, hatte die karolingische Eroberung mit Ausnahme der Missionierung kaum weiter reichende Folgen.

Vor dem Dithmarscher Geestrand erstreckte sich ein etwa 5 km breites vermoortes Sietland, erst unmittelbar an der Küste befanden sich ausgedehnte Seemarschen mit zahlreichen Wurtensiedlungen. Spätestens seit 691 n. Chr. entstanden an einem Priel in Wellinghusen bei Wöhrden auf flachen Sodenpodesten mehrere Wohnstallhäuser. Diese 1994 in einem größeren Grabungsschnitt dokumentierte Dorfwurt bildet bislang den ältesten nachvölkerwanderungszeitlichen Hinweis auf eine Neubesiedlung des schleswig-holsteinischen Nordseeküstengebie-

Der fast 2000 Jahre alte Flechtwandzaun am Rande des die Wurt umgebenden Sodenwalls in Süderbusenwurth ist ein Beispiel für die guten Erhaltungsbedingungen in den alten Dorfwurten.

Die Rekonstruktion der Siedlung Süderbusenwurth vermittelt ein anschauliches Bild von Wurten des 1. Jt. in der Seemarsch.

tes. Ihre Gründung fügt sich gut in einen zeitlichen Rahmen ein, der mit dem Aufblühen des wikingerzeitlichen Handelsortes von Ribe in die frühe Phase des friesisch-fränkischen Handels gehört. Zwar blieben Viehhaltung und Ackerbau die wirtschaftlichen Grundlagen in Wellinghusen, doch partizipierte die Bevölkerung von dem über See gehenden Fernhandel. Über einen Priel konnten Boote die Siedlung erreichen. Ausgrabungen wiesen mehrere Holzreste nach, bei denen es sich um Teile einer Brücke oder einer Anlegestelle gehandelt haben mag. Wiederum entstanden über den alten Hofplätzen neue Wohnstallhäuser. Anders als bei den älteren Bauten der ersten nachchristlichen Jahrhunderte waren bei diesen 6 m breiten und teilweise über 20 m langen Wohnstallhäusern die das Rähm tragenden Eichenspaltbohlen in die Wände einbezogen. Der durch die Siedlung führende Priel wurde mit Mist verfüllt und durch Kleisoden abgedeckt. Um 1000 war die Dorfwurt 4 m hoch. In der Grabungsfläche kam ein Kleinbau zutage, der in dieser Zeit errichtet wurde. Bis in das Mittelalter hat man die Wurt mit mächtigen Kleiaufträgen weiter erhöht. Infolge des Ausbaus von Höfen in die nun durch Deiche gesicherte und entwässerte binnenwärtige Marsch fiel die Dorfwurt wüst. Mit einer Höhe von + 6,20 m über NN und einem Durchmesser von 300 m bildet Wellinghusen heute das eindrucksvollste Beispiel einer frühmittelalterlichen Dorfwurt im schleswig-holsteinischen Nordseeküstengebiet. Ihre kuppige Oberflächenstruktur erinnert noch an die alte Siedlungsstruktur einzelner Hofwurten, aus deren Zusammenschluss die Dorfwurt entstand.

Dass die Erhöhung der Wurt erfolgte, weil Sturmfluten die Marschen bedrohten, deuten Meeresablagerungen (Sedimente) an, die in den flacheren Partien der Seemarschen nördlich von Wellinghusen unterhalb der mittelalterlichen Wurt nachgewiesen sind. Den höheren Marschrücken von Wellinghusen konnten die Sturmfluten zwar überspülen, lagerten hier aber keine Sedimente mehr ab. Nachdem offensichtlich die höher aufgelandeten Gunstflächen von den ersten Siedlern besetzt waren, erfasste eine weitere Landnahme neuer Siedlergruppen oder ein Ausbau von Höfen aus den Altsiedlungen seit dem 10. Jh. auch die niedriger aufgelandeten Partien der Seemarschen. Dies war beispielsweise in Hassenbüttel der Fall. Diese Dorfwurt entstand 2 km nördlich von Wellinghusen. Hier mussten die Bewohner im 10. Jh. sofort zum Bau von Wurten aus Kleisoden übergehen, um sich und ihre Habe zu schützen. Nachdem zunächst wohl nur flache Wurten entstanden waren, lassen sich für das 10./11. Jh. bereits große Hofwurten nachweisen. Auf einer wurde ein großes Wohnstallhaus mit dazu gehörigem Brunnen errichtet. Wellinghusen und Hassenbüttel gehören zu einer ganzen Reihe von Dorfwurten, die in der äußeren Seemarsch Dithmarschens entstanden und hier gemeinhin als Beleg für eine sächsische Besiedlung gelten. Nördlich der Eider dürften im 8. Jh. hingegen Friesen eingewandert sein, auch wenn sich diese Landnahme der historischen Nachweisbarkeit entzieht. So entstanden auf dem nördlichen Ufer der Eider Dorfwarften wie am Elisenhof bei Tönning. Umfangreiche Ausgrabungen durch Albert Bantelmann dokumentieren Geschichte und Wirtschaft dieser auf einem hohen Uferwall gelegenen Siedlung, die aus mehreren Wohnstallhäusern bestand. Westlich von Elisenhof wurde in exponierterer Lage spätestens im 9. Jh. die Dorfwarft Welt gegründet. Im Grabungsschnitt konnte ein jüngerer, aus mächtigen Kleiaufträgen bestehender Wurtenausbau nachgewiesen werden. Weitere Siedlungen, aber auch Urnengräberfelder lagen auf den höheren Sandwällen, so bei Garding, Tholendorf und Tating. In der Nähe von St.-Peter-Wittendün befand sich nach Ausweis zweier Bügelfibeln skandinavischen Stils wohl ein Körpergräberfeld. Seit dem 12. Jh. erfolgte ein Landesausbau in den nördlichen Teil der heutigen Halbinsel, wo zahlreiche Priele eine inselartige Marschlandschaft geschaffen hatten. Hier entstanden zunächst Großwarften, von denen aus niedrige Sommerdeiche die angrenzenden Wirtschaftsfluren schützten. Archäologische Untersuchungen zeigen, dass die ersten Deiche flache See- und Landseiten aufwiesen und mit einer Kronenhöhe von + 1,50 m über NN nur halb so hoch wie die der Warften waren. Mit der Bedeichung war es zugleich möglich, die tiefer liegenden Gebiete im mittleren Teil der Halbinsel zu entwässern und in landwirtschaftliches Nutzland umzuformen.

Deutlich ist dieser vom Menschen ausgelöste Landschaftswandel auch in Nordfriesland er-

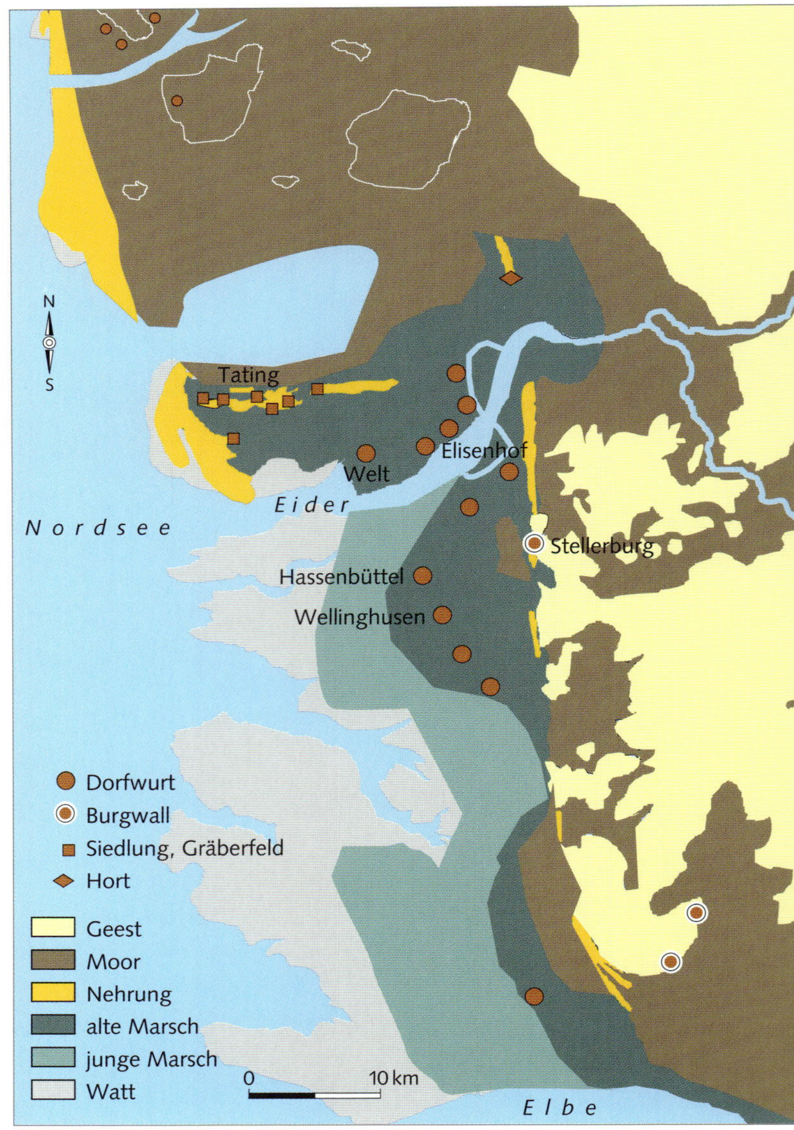

Spätestens um 700 n. Chr. wurden die Seemarschen des Dithmarscher Küstengebietes durch Landnahme erschlossen. Wie in der römischen Kaiserzeit beschränkten sich auch während des frühen Mittelalters die Siedelzonen auf die Salzwiesen der Küstengebiete. Die Küstenlinien in Nordfriesland sind hypothetisch.

Das 5 m hohe Profil der Dorfwurt Wellinghusen in Dithmarschen zeigt die von 700 bis in das 14. Jh. kontinuierlich durchgeführte Erhöhung. Im frühen Mittelalter verwendete man dazu den bei der Viehhaltung reichlich anfallenden Mist, der mit Kleisoden abgedeckt wurde. Auch der durch die Siedlung führende Priel wurde mit Mist zugeschüttet.

kennbar. Die frühmittelalterliche Besiedlung hatte sich noch auf die Geestkerne und einen Teil der äußeren Seemarschen, wie im Gebiet von Pellworm und der heutigen Hallig Hooge, beschränkt. Mit der Bedeichung wurden nun auch die inneren, bis dahin vermoorten Partien der Utlande durch Entwässerung urbar gemacht. Die Landschaftsveränderungen dokumentieren neben Untersuchungen im Watt, auf den nordfriesischen Inseln und Halligen auch die Ausgrabungen auf dem Geestkern von Archsum auf der Insel Sylt. Von den dortigen Geestrandsiedlungen der römischen Kaiserzeit und der Wikingerzeit wurden die umliegenden Seemarschen als Weideland genutzt. Als sich vermutlich mit fortschreitender Zerstörung der Seemarschen die Wirtschaftsflächen verkleinerten, waren die Siedler mehr und mehr gezwungen, auf die räumlich begrenzteren Sandböden der Geestkerne auszuweichen.

Um 690 entstanden in Wellinghusen auf einem hohen Prieluferrücken Höfe als Flachsiedlung auf niedrigen Sodenpodesten. Die das Rähm tragenden Spaltbohlen waren in die Flechtwerkwände einbezogen.

Und alles war vernichtet: Sturmfluten und Flussüberschwemmungen

Mit dem späten Mittelalter begannen sich die Umweltbedingungen in den Marschen zu verschlechtern. Katastrophale Sturmfluten häuften sich und zerstörten einen großen Teil der inzwischen bedeichten nordfriesischen Utlande. Der Pastor M. Antonius Heimreich (1626 – 1685) berichtet, dass 1362 die stürmische Westsee vier Ellen (etwa 2,4 m) über die höchsten Deiche trat. Die Flut verursachte 21 Deichbrüche, und die reiche Handelsstadt Rungholt ging unter. Von dem Pellwormer Haardesvogt Detlef Liliencron wurde deren Vernichtung 1882 in seinem Gedicht »Trutz, blanke Hans« dramatisch beschrieben. Untersuchungen im Gebiet der über dem mittelalterlichen bedeichten Kulturland gelegenen Hallig Südfall zeigen, dass es sich bei diesem Ort jedoch nicht um eine Stadt, sondern um eine dicht besiedelte und bedeichte Marschlandschaft mit vielen Warften gehandelt hat. Das Testament eines Hamburger Bürgers aus dem Jahre 1345 belegt, ebenso wie ein früheres bischöfliches Abgabenverzeichnis der zum Bistum Schleswig gehörenden Kirchen und Kapellen, die Existenz eines Ortes »Rungeholte«. Wenn auch keine zeitgenössischen Quellen über den Untergang Rungholts vorliegen, so bleibt die Vernichtung größerer Marschflächen als Folge spätmittelalterlicher Katastrophenfluten im Gebiet der Edomsharde an der heutigen Hallig Südfall zwischen Pellworm und Nordstrand doch eine Tatsache.

Die große Sturmflut von 1362, Mandränke genannt, änderte dann die Gestalt der nordwestdeutschen Nordseeküste. Große Buchten entstanden und Wattströme erweiterten sich zu breiten Meeresarmen.

Warum wirkte sich diese Sturmflut in Nordfriesland so katastrophal aus, während im Dithmarscher Küstengebiet weit weniger Landverluste zu verzeichnen waren? Lag es nur an den neu entstandenen Winterdeichen, vor denen

Ausgrabungen in der 2 km nördlich von Wellinghusen errichteten Wurt Hassenbüttel zeigten, dass aufgrund der nur niedrig aufgelandeten Seemarschen die Siedler im 10. Jh. von Anfang an Wurten aufschütten mussten.

Das Blockbild verdeutlicht die Landschaft des 1. Jt. n. Chr. Die Wurtsiedlungen wurden vor allem nahe der Küste in den Salzwiesen angelegt, da das vermoorte Sietland keine wirtschaftlichen Möglichkeiten bot.

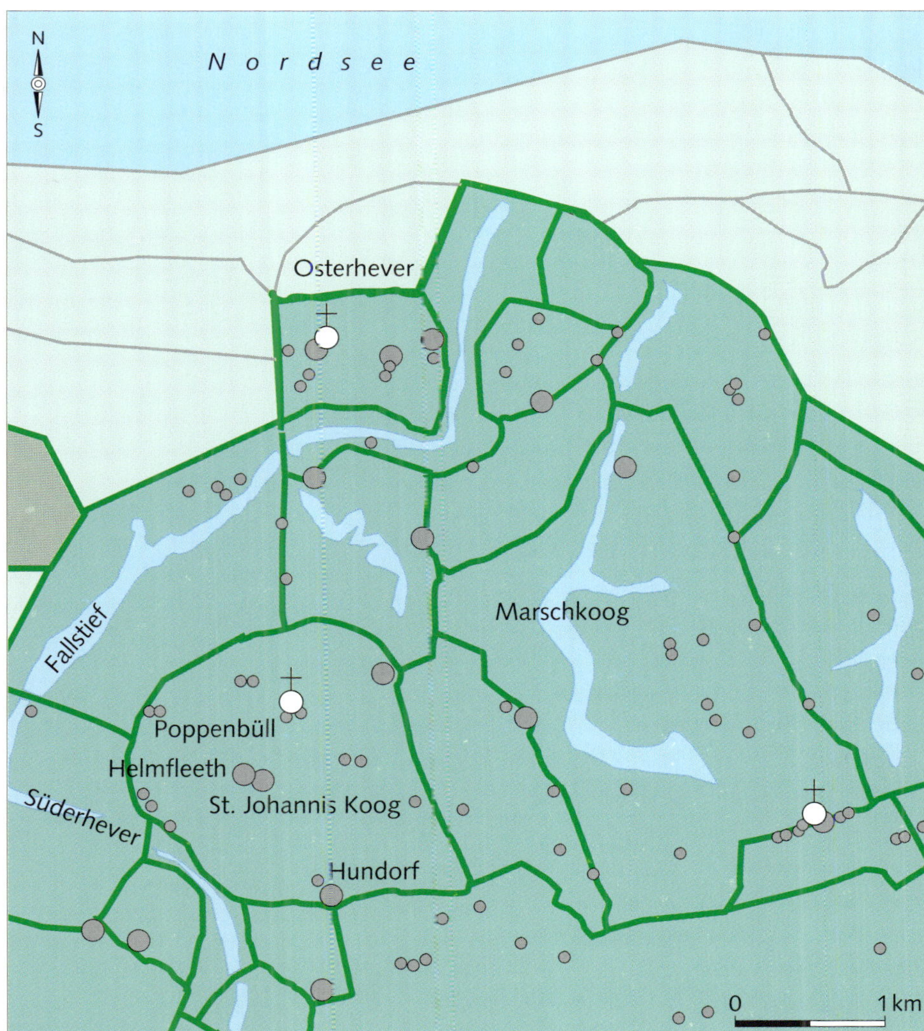

Der St. Johannis Koog gehört zu einer Reihe lokaler Eindeichungen im nördlichen Eiderstedt. Nachdem im 12. Jh. die nur niedrig aufgelandeten, von Prielen zerrissenen Seemarschen erstmals besiedelt wurden, entstanden hohe, aus Klei aufgeworfene Warften. Niedrige Sommerdeiche schützten das Wirtschaftsland. Inmitten der Kleinköge lagen auch die Kirchen. Aus dem Zusammenschluss mehrerer solcher Köge entstanden größere, bedeichte Gebiete.

sich die Flut staute? Oder war der Salztorfabbau schuld? Denn in einigen Bereichen der nordfriesischen Utlande war der dicht unter der Marschoberfläche anstehende Torf zur Gewinnung von Salz abgegraben worden. Zudem waren durch die Entwässerung der vermoorten Sietländer die Landoberflächen tiefer gelegt worden. Im nördlichen Holland verschwanden auf diese Weise mehrere Meter starke Moordecken. In den nordfriesischen Utlanden war dies jedoch aufgrund der geringeren Dicke der Moorschichten weniger der Fall.

Geologische Untersuchungen im Gebiet des Prielstroms der Norderhever haben inzwischen gezeigt, dass die Morphologie viel entscheidender für die Auswirkungen der Katastrophenfluten war. So erstrecken sich im Untergrund Nordfrieslands Schmelzwassertäler, die während der letzten Eiszeit (Weichsel-Eiszeit) das Wasser abgeführt hatten. Im Zuge des nacheiszeitlichen Meeresspiegelanstiegs war die Nordsee bis an die Festlandsgeest, den Rand der vorletzten Vereisung (Saale Eiszeit) vorgedrungen und hatte die Täler ebenso wie die höher gelegenen Gebiete der eiszeitlichen Oberfläche mit Sanden und Tonen aufgefüllt. Aufgrund sackungsfähiger Sedimente in den Tälern drangen die spätmittelalterlichen Sturmfluten mit der Ausbildung breiter Wattströme und Priele vor allem in diese Gebiete vor. Die Sturmfluten zerstörten die Deiche, das Meer überschwemmte die niedrigen Marschflächen, und breite Prielströme folgten nun den im Untergrund vorgezeichneten Schmelzwassertälern. In Dithmarschen hingegen, wo der Geestrand anders als in Nordfriesland viel steiler nach Westen abfiel, spielte die Morphologie des Untergrundes nicht diese entscheidende Rolle. Es war also die Natur, die den Menschen hier bezwang.

Dennoch, ebenso wie in den Alpen oder auf Grönland, waren auch in den Nordseemarschen extreme Schadensereignisse kein Grund, das Siedeln im Gefahrenbereich aufzugeben. Nach einer Reihe schwerer Sturmfluten brach am 11. Oktober des Jahres 1634 die zweite große Flut über die nordfriesischen Utlande herein. Sie riss die etwa 22 000 ha große Marscheninsel Strand (Alt-Nordstrand) auseinander. Nur die Restinseln

Nördlich der Eider wanderten im frühen Mittelalter Friesen ein. Das Luftbild zeigt den nordwestlichen Teil der Halbinsel Eiderstedt mit der seit dem 12. Jh. ebenfalls von Friesen besiedelten Insel Westerhever. Im Vordergrund ist der Leuchtturm der Insel sowie ein großer Vorsand erkennbar. Im Hintergrund dehnt sich das nordfriesische Wattenmeer aus.

In den nordfriesischen Utlanden gingen im Bereich der heutigen Inseln Pellworm und Nordstrand weite Marschgebiete unter.

Die Macht der Sturmfluten bedroht die Menschen in den Marschen auch heute noch. 1976 wäre der Seedeich von Westerhever beinahe gebrochen. Die Schaumkronen der Wellen schlugen bereits über den Seedeich.

Im nordfriesischen Wattenmeer trifft man auf zahlreiche Spuren früherer Kulturen. Das Luftbild zeigt eine vor 1362 untergegangene Warft mit Wirtschaftsfluren.

Der Sturmflutpegel in Tönning zeigt, wie hoch das Wasser bei den schweren Sturmfluten der Vergangenheit aufgelaufen ist.

Mit Beginn des 9. Jh. häufen sich die Nachrichten von verheerenden Überschwemmungen der Flüsse. Im Mai des Jahres 858 etwa fiel so viel Regen, dass die reißende Maas selbst steinerne Häuser und Mauern zerstörte. Auch im hohen Mittelalter setzten sich die Überflutungen fort, wie etwa im regenreichen Jahr 1195, in dem die Donau zahlreiche Ortschaften überschwemmte. Viele historische Zeugnisse belegen den schicksalhaften Verlauf der Ereignisse, dem sich die Archäologie erst in Ansätzen zugewandt hat. Nach der Schneeschmelze dauerten die Hochwässer in Europa während des gesamten Februars an. Bereits am 2. Februar waren die Brücken in Dresden und Prag unter dem Druck

des Wassers eingestürzt. Die Bilder des August 2002 tauchen vor unseren Augen auf! Teile von Häusern trieben den Fluss hinab. Menschen und Tiere ertranken in den Fluten. Schneeschmelze ließ den Fluss eine Meile über die Ufer treten. Die Niederschläge ereigneten sich mit gleicher Intensität in ganz Europa. Diese enormen Wassermassen müssen die damaligen Menschen an die biblische Sintflut erinnert haben. Ebenfalls betroffen waren Nürnberg, Kassel, Frankfurt am Main, Würzburg, Hannover, Minden, Halle an der Saale, Meißen und Erfurt.

Fluten und Niederschläge hatten Schluchten und Kerben in den Boden eingerissen. So schwer wie 1362 wurden die europäischen Städte und Landschaften kaum wieder von einer Hochwasserkatastrophe heimgesucht. Die Auswertung historischer Quellen und die Betrachtung archäologischer und geoökologischer Befunde kann diese extremen Gefahren über einen langen Zeitraum aufzeigen.

Die Überschwemmung der Ijssel bei Zwolle 1995 lässt erahnen, wie katastrophal sich auch im späten Mittelalter die Überschwemmungen der Flüsse auswirkten. In den überschwemmten Flussmarschen ragen nur noch die Hofwurten empor.

Unheimliche Landschaft: Vom Mooropfer zur Moorkultivierung

Bis in unsere Zeit galten Moore als lebensfeindlicher Raum für den Menschen. Sie waren unheimlich und das nicht zu Unrecht. Wir können heute nur vermuten, warum man in Skandinavien vom Neolithikum bis in die Wikingerzeit die Körper von Menschen und Tieren, aber auch eine Vielzahl von Waffen, ja sogar Kriegsschiffe in den Mooren versenkt hat. Wahrscheinlich handelte es sich um Votivgaben oder Opfer an die Götter. Die unterschiedliche Art der abgelegten Objekte deutet auf rituelle Handlungen hin. Man bat um eine gute Ernte, Fruchtbarkeit bei Männern, Frauen und Tieren oder um einen Erfolg in der Schlacht. Die frühesten Deponierungen in der Jungsteinzeit waren meist Steingeräte. Seit der Bronzezeit wurden die Opfer vielfältiger. Sammlungen von persönlichen Dingen wurden in Kesseln niedergelegt, als sollten sie gleichsam an einen bedeutenden Menschen erinnern. Sehr oft wurden verbogene Schwertklingen geopfert. Vielleicht wollte man so das rituelle Töten eines Feindes symbolisieren. Als Teil des Rituals wurden auch Tiere, vor allem Pferde, geschlachtet. Seit dem 1. Jh. v. Chr. scheint es auch Menschenopfer gegeben zu haben. Die meisten dieser Beispiele stammen aus Dänemark. In der römischen Eisenzeit und der Völkerwanderungszeit opferte man dann wieder Waffen.

Moore entstehen in Abhängigkeit von den klimatischen und landschaftlichen Bedingungen. Niedermoore oder Flachmoore liegen im Einflussbereich des Grund- und Oberflächenwassers. Vielfach entstanden sie aus verlandeten Seen, Talbereichen oder in den inneren Regionen der noch nicht bedeichten Seemarschen. Niedermoore sind mehr oder weniger nährstoffreich und weisen daher üppige Bestände großblättriger Kräuter, Süß- und Sauergräser, auch Sträucher und Bäume (Bruchwald) auf. Oberhalb des Einzugsbereiches des Grundwassers können Niedermoore zu Hochmooren aufwachsen. Diese sind ausschließlich auf Niederschlagswasser und die darin enthaltenen Nährstoffe angewiesen und daher ausgesprochen nährstoffarm. Das lebende Hochmoor überzieht eine geschlossene Decke vielfarbiger Torfmoose, in der nur wenige niedrige Zwergsträucher und schmalblättrige Riedgräser leben; größere Gehölze kommen erst in gestörten Bereichen vor. Vor allem in den Hochmooren entstanden aber auch abbauwürdige Torfvorräte. In den Niedermooren erfolgte meist nur eine Backtorfnutzung.

Nicht nur die Täler zwischen den Geestkernen in Nordwestdeutschland und Dänemark waren vermoort, auch in dem inneren Teil der See- und Flussmarschen lagen noch im 1. Jt. n. Chr. ausgedehnte Schilfsümpfe, die erst im Zuge der mit dem Deichbau einhergehenden Binnenentwässerung beseitigt wurden. Erst als keine anderen Flächen mehr zur Verfügung standen, wich man in die Hochmoore aus, in denen sich mit höherem Kultivierungsaufwand die auf Viehwirtschaft orientierte Siedlungsweise fortführen ließ.

Für das Stedinger Brokland in Niedersachsen liegen zwei Kolonisationsurkunden vor, die eine aus dem Jahre 1142, die andere von 1149. Als Siedlungsunternehmer traten zwei Männer auf, die das Land vom Bremer Erzbischof als Grundherren kauften und es an die Bauern weiter verpachteten, während in anderen Gebieten Ministerialen des Bischofs als Venditoren (Verkäufer) auftraten. Diese schlossen mit den einzelnen Siedlern Verträge über die Übernahme von Hufen gegen bestimmte Zinszahlungen. Aus den Kolonisationsverträgen und den darin vorgesehenen Übertragungen ist ersichtlich, dass die Hauptaufgabe der Verkäufer darin bestand, das Land zu vermessen und in Hufenstreifen aufzuteilen. Für das erste Kolonisationsgebiet in der Wümmeniederung nördlich von Bremen wurden Hufen von 30 m breiten und 720 m langen Königsruten (etwa 47–48 ha) an die holländischen Partner des Erzbischofs vergeben. Gemeinsam ist allen diesen kolonisierten Sietlandsmarschen und Moorgebieten, dass beiderseits der immer weiter in das Ödland vorgestreckten Flure (Aufstreckfluren) Entwässerungsgräben verliefen. Sie endeten in einem größeren, quer verlaufenden Sammelgraben (Wettern), der entweder in die Flüsse bzw. See

Extreme Umwelten: Natur- oder Kulturlandschaften?

Die Betrachtung der Landschafts- und Siedlungsgeschichte in extremen Umwelten, vom Hochgebirge über die Flüsse und Seen bis hin zu den Nordseemarschen sowie den Inseln am Rande der menschlichen Ökumene im Nordatlantik hat gezeigt, dass Menschen immer wieder diese Gebiete aufsuchten und bis heute im natürlichen Gefahrenbereich ihre Siedlungen, Dörfer und Städte bauen. Dabei hatten sie nicht nur mit Sturmfluten an der Nordsee zu kämpfen, sondern auch mit über die Ufer tretenden Flüssen in Mitteleuropa oder Lawinen und Gesteinsmuren in den Alpen. Zwar musste der Mensch sich in der Vergangenheit immer wieder der extremen Natur anpassen, doch er konnte in ihr überleben. Dicke Grassodenwände der Häuser auf Island und Grönland gaben den in ihnen lebenden Menschen Schutz vor den Unbilden der Natur. Ausreichend große Ställe dienten der Überwinterung des Viehs, Scheunen boten Raum für Wintervorräte. In den Hochalpen entstanden im Mittelalter Almen inmitten von Felsblöcken alter Bergstürze. Hier waren die Bauten am besten vor Geröllabgängen geschützt. In den Marschen errichteten die Menschen seit dem 11./12. Jh. Deiche. Damit sicherten sie nicht nur ihre Wirtschaftsareale vor den regelmäßigen Salzwasserüberflutungen, sondern begannen auch die vermoorten Ödlandflächen in landwirtschaftliches Nutzland umzuformen.

Wir erkennen dies erstmals – wenn auch nur im geringen Maße – mit Beginn der Sesshaftigkeit im Neolithikum, viel deutlicher seit dem hohen Mittelalter. Nur der jagende und sammelnde Mensch hatte in größerem Einklang mit der Natur gelebt, doch auch bei seinen Jagdzügen erreichte er den Rand der Ökumene, wie etwa die Felsschutzzonen in den Hochalpen. In einigen Regionen – wie den Marschen – hat der Mensch die ehemalige Naturlandschaft vollkommen in eine Kulturlandschaft umgewandelt.

Gibt es überhaupt noch eine Naturlandschaft oder hat der Mensch nicht auch extreme Regionen in eine Kulturlandschaft umgeformt? Diese Fragen muss man stellen, denn bei der gegenwärtigen ökologischen Diskussion, dem propagierten Schutz der Natur, darf die Rolle des gestaltenden Menschen bei der Landschaftsentwicklung nicht vergessen werden. Geologische, archäologische und archäobotanische Untersuchungen haben immer wieder die Rolle des Menschen als wichtigen Akteur im ökologischen System aufgezeigt. Auch in den extremen Umwelten hat der siedelnde und wirtschaftende Mensch uns ein reiches kulturelles Erbe hinterlassen, das so vielfältig ist wie die europäischen Kulturlandschaften, deren Bedeutung der Europarat in der »European Landscape Convention« ausdrücklich betont hat. Europäische Projekte, wie »Pathways to Cultural Landscapes«

Immer wieder ist der Mensch bis in die extremsten Regionen unserer Erde vorgedrungen und hat uns ein reichhaltiges kulturelles Erbe hinterlassen. Die Ruine dieser Kirche liegt auf den Färöer-Inseln.

Ein steigender Meeresspiegel im Rahmen eines global change dürfte auch in Zukunft die Küstenlandschaft wandeln. Das Ausmaß einer Überflutung der Waal zeigt dieses Luftbild von 1995.

(www.pcl-eu.de) haben sich die Vermittlung europäischer Kulturlandschaften auf breiter Basis zum Ziel gesetzt. Zum Schutz und zur Entwicklung des Kulturerbes wurden auch im Rahmen des von der EU kofinanzierten Projektes »Landscape and Cultural Heritage of the Wadden Sea« (www.lancewad.de) oder des Belvedere Projektes in den Niederlanden die bedeutsamen Kulturdenkmäler und Landschaftsbilder auf digitaler Grundlage im Rahmen eines geografischen Informationssystems erfasst und Vorschläge zur nachhaltigen Nutzung der Landschaften entwickelt.

Möge das Sonderheft von »Archäologie in Deutschland« einen Anreiz für Reisen in die extremen Regionen Europas bieten, die uns nicht nur ein eindrucksvolles landschaftsgeschichtliches und kulturelles Erbe hinterlassen haben, sondern zeigen, dass Menschen immer wieder Herausforderungen suchten.

Literatur

Die in diesem Sonderheft zur »Archäologie in Deutschland« beispielhaft behandelten interdisziplinären Untersuchungen wurden von verschiedenen Institutionen, wie dem Institut für Hochgebirgsforschung der Leopold-Franzens-Universität Innsbruck, dem Landesdenkmalamt Baden-Württemberg, dem Nationalmuseum Kopenhagen und der Arbeitsgruppe Küstenarchäologie des Forschungs- und Technologiezentrums Westküste der Universität Kiel durchgeführt. Zu den einzelnen Landschaften gibt es eine Fülle wissenschaftlicher Literatur. Hier sind lediglich einige Werke aufgeführt, die einen Einstieg in die Materie gestatten.

Edierte Quellen:

Adam v. Bremen: Gesta Hamburgensis ecclesiae pontificum. Geschichte der Erzbischöfe von Hamburg (Hg. A. Heine). Historiker d. dt. Altertums (Essen 1986).

Dicuil: Diculi Liber de mensura orbis terrae (Hg. J. J. Tierney). Scriptores Latini Hibernae 6 (Dublin 1967).

Eriks Raudes saga: (Hg. J. Larsen, V. Henriksen). Norroen Saga 5 (Oslo 1990).

Islendingabók: Ari Thorgilsson, Islendingabók (Hg. A. Holtsmark). Nordisk filologi A 5 (Oslo 1951).

Groenlendingesaga: (Hg. J. Larsen, V. Henriksen). Norroen Saga 5 (Oslo 1990).

Heimreich: A. Heimreich, Nordfriesische Chronik (A. Falck) 2. unveränderter Nachdruck von 1819 (Wiesbaden 1979).

Historia Norwegiae: Omkring historia Norwegiae (Hg. J. S. Th. Hanssen). Avhandlinger Det Norske Videnskaps-Akademi II. Historisk Filosofisk Kl. (Oslo 1949).

Olav der Heilige: Tradisjon og Saga om Olav den Hellige (Hg. J. Schreiner). Det Norske

Videnskaps-Akademie i Oslo. 2 Historisk filsofisk Klasse (Oslo 1926).

Plinius: C. Plinius Secundus, Naturkunde. Lateinisch-Deutsch (Hg. R. Koenig). Bücher 3 und 4: Geographia Europa (München 1998).

Strabon: Strabons Geographica (Hg. W. Aly u. E. Kirsten) 17 Bde. (Bonn 1957–1972).

Vergil: Publius Vergilius Maro. Bukolika und Georgika (P. Jahn u. Th. Ladwig) (Berlin 1915).

AM RANDE DER ÖKUMENE: EXTREME LEBENSRÄUME

Bork, H.-R., Bork, H., Dalchow, C., Faust, B., Piorr, H.-P. u. Schatz, Th. 1998: Landschaftsentwicklung in Mitteleuropa (Stuttgart).

Jäger, H. 1994: Einführung in die Umweltgeschichte (Darmstadt).

Dirlmeier, U. 1988: Historische Umweltforschung aus der Sicht der mittelalterlichen Geschichte. Siedlungsforschung. Archäologie – Geschichte – Geographie 6, 97–111.

Glaser, R. 2001: Klimageschichte Mitteleuropas. 1000 Jahre Wetter, Klima, Katastrophen (Darmstadt).

Pfister, C. 1998: Wetternachhersage. 500 Jahre Klimavariationen und Naturkatastrophen 1496–1995 (Zürich).

Spindler, K. (Hg.) 1998: Mensch und Natur im mittelalterlichen Europa. Archäologische, historische und naturwissenschaftliche Befunde. Schriftenreihe der Akademie Friesach 4 (Klagenfurt)

Hauser, W. (Hg.) 2003: Das Experiment mit dem Planeten Erde (Stuttgart).

Herrmann, B. (Hg.). 1986: Mensch und Umwelt im Mittelalter (Frankfurt a.M.).

SCHNEE UND BERGE

Zwischen Tal und Fels: Der Naturraum der Alpen

Furrer, G., Burga, M., Holzhauser, H.-P., Maisch, M. 1987: Zur Gletscher-, Vegetations- und Klimageschichte der Schweiz seit der Späteiszeit. Geographica Helvetica 61–91.

Hauser, W. (Hg.) 2003: Das Experiment mit dem Planeten Erde (Stuttgart).

Küster, H. 1996: Geschichte der Landschaft in Mitteleuropa. Von der Eiszeit bis zur Gegenwart (München).

Bis in die Gipfel: Jäger und Sammler in den Alpen

Giovanni, S. u. Fassa, V. 1993: Archäologie in den Dolomiten. Forschungen und Funde in den ladinischen Tälern von der Steinzeit bis zur Römerzeit (Bozen).

Küster, H. 1996: Geschichte der Landschaft in Mitteleuropa. Von der Eiszeit bis zur Gegenwart (München).

Patzelt, G. 1996: Modellstudie Ötztal – Landschaftsgeschichte im Hochgebirgsraum. Mitteilungen der Österreichischen Geographischen Gesellschaft 53–70.

Pohle, P. 1999: (Hg.): Besiedlung und Erschließung der Alpen. Bericht eines Studienprojektes im Venter Tal. Geographisches Institut in Gießen. Werkstatt Papiere 11 (Gießen).

Schäfer, D. (Hg.) 1997: Alpine Vorzeit in Tirol. Arbeiten und erste Ergebnisse vorgestellt vom Forschungsinstitut für Alpine Vorzeit, vom Institut für Botanik und vom Forschungsinstitut für Hochgebirgsforschung der Universität Innsbruck (Innsbruck).

Die Welt des Mannes im Eis: Frühe Nachweise alpiner Hochweidennutzung

Casa, Ph. D. 1998: Relief, Boden, Klima – Zusammenhänge zwischen Landschaften und Siedlungsmuster am Beispiel der Täler nördlich und südlich des San Bernardino. In: Hänsel (1998) 367–372.

Egg, M. u. Spindler, K. 1992: Die Gletschermumie vom Ende der Steinzeit aus den Ötztaler Alpen. Vorbericht Jahrbuch Römisch-Germanisches Zentralmuseum 39, 3–113.

Hänsel, B. 1998 (Hg.): Mensch und Umwelt in der Bronzezeit Europas. Abschlußtagung der Kampagne des Europarates: Die Bronzezeit: das erste goldene Zeitalter Europas an der Freien Universität Berlin, 17.-19. März 1997. Beiträge und Ergebnisse (Kiel).

Primas, M. 1998: Der bronzezeitliche Landesausbau in den Alpen. In: Hänsel (1998) 355–365.

Käse auf der Tafel: Almwirtschaft in der Römerzeit und im Mittelalter

Geiser, W. (Hg.) 1973: Bergeten ob Braunwald, ein archäologischer Beitrag zur Geschichte des alpinen Hirtentums (Basel).

Gschwend, M. 1973: Siedlungsplätze und Baureste. In: Geiser (1973) 38–51.

Hösli, J. 1973: Die Wüstung Bergeten und die »Heidenhüttchen« in der Glarner Geschichte. In: Geiser (1973) 52–72.

Mandl, F. u. Cerwinka, M. 1996: Dachstein. Vier Jahrtausende Almen im Hochgebirge. Bd. 1 Das östliche Dachsteinplateau. 4000 Jahre der hochalpinen Weide- und Almwirtschaft (Gröming 1996).

Mandl, F. u. Cerwinka, M. 1998: Bd. 2 (Gröming 1998).

Meier, D. 2003: Bauer, Bürger, Edelmann. Stadt und Land im Mittelalter (Ostfildern).

Meyer, W. 1973: Grabungsbericht. In: Geiser (1973) 13–23.

Meyer, W. 1993: Mittelalterliche Siedlungsprozesse und Migrationsbewegungen im Alpenraum aus archäologischer Sicht. In: Alpe – Alm. Zur Kulturgeschichte des Alpenraumes Bd. 3 (Brig) 143–175.

Meyer, W. 1998: Besiedlung und wirtschaftliche Nutzung hochalpiner Zonen in der mittelalterlichen Schweiz. In: K. Spindler (Hg.), Mensch und Natur im mittelalterlichen Europa. Archäologische, historische und naturwissenschaftliche Befunde. Schriftenreihe der Akademie Frisach 4 (Klagenfurt) 231–260.

Schäfer, D. 1997 (Hg.): Alpine Vorzeit in Tirol. Begleitheft zur Ausstellung. Arbeiten und erste Ergebnisse vorgestellt vom Forschungsinstitut für Alpine Vorzeit, vom Institut für Botanik und vom Forschungsinstitut für Hochgebirgsforschung der Universität Innsbruck (Innsbruck).

Patzelt, G. 1996: Modellstudie Ötztal – Landschaftsgeschichte im Hochgebirgsraum. Mitteilungen der Österreichischen Geographischen Gesellschaft 53–70.

Werner, P. 1981: Almen. Bäuerliches Leben in der Gebirgsregion (München).

Unter Schnee und Geröll: Katastrophen in den Alpen

Meier, D. 2003: Bauer, Bürger, Edelmann. Stadt und Land im Mittelalter (Ostfildern).

Pfister, C. 1984: Klimageschichte der Schweiz 1525–1860. Das Klima der Schweiz von 1525–1860 und seine Bedeutung in der Geschichte von Bevölkerung und Landwirtschaft. 2 Bde. (Bern).

Pfister, C. 1988: Historische Umweltforschung und Klimageschichte. Mit besonderer Berücksichtigung des Hoch- und Spätmittelalters. Siedlungsforschung. Archäologie – Geschichte – Geographie 6, 113–127.

Pfister, C. 1994–1996: Häufig, selten oder nie. Zur Wiederkehrperiode der großräumigen Überschwemmungen im Schweizer Alpenraum seit 1500. In: Umwelt – Mensch – Gebirge. Beiträge zur Dynamik von Natur- und Lebensraum. Festschrift für Bruno Messerli zum 65. Geburtstag. Jahrb. Geogr. Gesellschaft (1994–1996) 139–148.

HIGHLANDS, FJORDE UND VULKANE

Zwischen Loch Ness und Highlands: Siedlungen in Schottland

Anderson, M. O. 1973: Kings and Kingship in Early Scotland (Edinburgh).

Armit, I. (Hg.) 1990: Beyond the Brochs (Edinburgh).

Ashmore, P. J. 1996: Neolithic and Bronze Age Scotland (London).

Breeze, D. und Ritchie, A. 1991: Invaders of Scotland (Edinburgh).

Duncan, A. A. M. 1975: Scotland: the Making of a Kingdom (Edinburgh).

Castleden, R. 1992: Neolithic Britain: new stone age sites of England, Scotland and Wales (London).

Cunliffe, B. 1974: Iron Age communities in Britain: an account of England, Scotland and Wales from the seventh century BC until the Roman conquest (London).

Edwards, K. J und Ralston, B. M. 1997: Scotland: Environment and Archaeology 8000 BC – AD 1000 (Chichester – New York – Weinheim – Brisbane – Singapure – Toronto).

Edwards, N. 1990: The Archaeology of Early Medieval Ireland (London).

Graham-Camphell, J. 1998: Vikings in Scotland (Edinburgh University Press 1998).

Hughes, K.: Celtic Britain and the Early Middle Ages (Woodbridge).

Laing, J. 1990: Celtic Britain and Ireland, c. AD 200–800 (Dublin).

Laing, J. 1975: The Archaeology of Late Celtic Britain and Ireland, c. AD 200–800 (London).

Laing, J. und L. 1998: The Picts and the Scots (Bridgend, Mid-Glamorgan).

Maxwell, G. S. 1989: The Romans in Scotland (Edinburgh).

Meldrum, E. (Hg.) 1971: The Dark Ages in the Highlands (Inverness).

Ritchie, A. 1989: The Picts (Edinburgh).

Ritchie, G. 1991: Archaeology and early history (Edinburgh University Press).

Ritchie, A. und Ritchie, G. 1992: Scotland 2. Aufl. (London).

Ritchie, A. 1996: Viking Scotland (Batsford rep.).

Zwischen Fjord und Fjell: Norwegen

Andersen, P. S. T. 1971: Vikings of the west. The expansion of Norway in the early Middle Ages (Oslo).

Danielsen, R. 1995: Norway – a history from the vikings to our times. Skand. Univ. Press (Oslo).

Morris, Chr. D. u. Rackham, D. J. 1992: Norse and later settlement and subsistance in the North Atlantic. Dep. of Archaeology (Glasgow).

Naeroey, A. J. 1989: Prehistoric hunter fishers of Varangerfjord, Northeastern Norway. Reconstruction of settlement and subsistence during the Younger Stone Age. BAR (Oxford).

Naeroey, A. J. 1999: Stone age and living spaces in western Norway (Bergen).

Prescott, Chr. 1993: Frome stone age to Iron Age: a study from Sogn, western Norway. BAR 603 (Bergen Diss.).

Den Sternen nach: Über den Nordatlantik
und:
Erste Sprungbretter: Inseln im europäischen Nordmeer und im Nordatlantik

Bigelow, G. F. (Hg.) 1990: The Norse in the North Atlantic. Acta Archaeologica 61 (Kopenhagen).

Bowes, D. R. 1981: The natural environment of the Inner Hebrides (Edinburgh).

Capelle, T. 1987: Die Eroberung des Nordatlantik. Archäologie am Rande des Meeres (Neumünster).

Renaud, J. 1988: Archipels morris: Orcades, Shetland et Hebrides dans le monde viking (Goeppingen).

Campbell, J. (Hg.) 1998: Die Wikinger. Bildatlas der Weltkulturen (Augsburg).

Elmers, D. 1998: Wikingerschiffe, Koggen, Holken und Dreimaster. Menschen auf See im Mittelalter. In: Spindler, K. (Hg.): Mensch und Natur im mittelalterlichen Europa. Archäologische, historische und naturwissenschaftliche Befunde. Schriftenreihe Akademie Friesach 4 (Klagenfurt). 101–128.

The Viking Ship Museum, Denmark 1993: Viking Voyages to North America (Roskilde).

Die Insel des Feuers: Island

Campbell, J. (Hg.) 1998: Die Wikinger. Bildatlas der Weltkulturen (Augsburg).

Hastrup, K. 1985: Culture and History in Medieval Iceland. An anthropological analysis of structure and change (Oxford).

Lacy, T. 1998: Ring of seasons: Iceland – its culture and history (Univ. Michigan Press).

Das Wagnis: Wikingersiedlungen auf Grönland

Bergersen, R. 1997: Vinland bibliographie: writings relating to the Norse in Greenland and America (Tromsoe).

Campbell, J. (Hg.) 1998: Die Wikinger. Bildatlas der Weltkulturen (Augsburg).

Fredskild, B. 1988: Agriculture in a Marginal Area – South Greenland from the Norse Landnam (985 AD) to the Present (1985 AD). In: Birks, H. (Hg.) The Cultural Landscape – Past, Present and Future (Cambridge).

Gad, F. 1967: Grønlands Historie I. Intil 1700. Nyt Nordisk Forlag (København).

Keller, Chr. 1989: The Eastern settlement reconsidered. Some analyses of Norse Medieval Greenland. 2 Teile (Oslo).

Krogh, K. 1967: Viking Greenland (Kopenhagen).

Millard, A. 1993: Eric the Red: The Vikings sail the Atlantic (London).

Vebaek, C. C. 1993: Narsaq – a Norse landname farm (Copenhagen).

Yad, F. 1967: Grønlands Historie I. Intil 1700 (København).

Zu neuen Welten: Leif Erikson entdeckt Amerika

Campbell, J. (Hg.) 1998: Die Wikinger. Bildatlas der Weltkulturen (Augsburg).

Ingstad, A. 1977: The discovery of a norse settlement in America, Excavations in Lánse-aux-Meadows 1961–1968 (Oslo – Bergen – Stavanger – Tromsö).

Ingstad, H. 1966: Die erste Entdeckung Amerikas. Auf den Spuren der Wikinger (Frankfurt a.M. – Berlin – Wien).

Ingstad, H. 1985: The Norse Discovery of America. Vol. 2 (Oslo).

Langenberg, I. 1977: Die Vinlandfahrten (Köln – Wien).

Pohl, F. 1972: The viking settlements of North America (New York).

Wallace, B. L. 1991: The Vikings in North America: myth and reality. In: R. Samson (Hg.): Social Approaches to Viking Studies (Glasgow).

NORDSEE, FLÜSSE, SEEN UND MOORE

Auf Pfählen: Siedlungen an Seen und Mooren

Aspes, A. 1997: Die Pfahlbauten in Norditalien. In: Schlichterle (1997) 56–62.

Billamboz, A. 1997: Das Holz der Pfahlbausammlungen. In: Schlichterle (1997) 124–126.

Diekmann, B., Maier, U., Vogt, R. 1997: Hornstaad – zur inneren Dynamik einer jungsteinzeitlichen Dorfanlage am westlichen Bodensee. Neue Ergebnisse der Archäologie, Botanik und Bodenkunde. In: Lippert, A., Schultz, M., Shenman, S. u. Teschler-Nicola, M (Hg.): Mensch und Umwelt im Neolithikum und der Frühbronzezeit in Mitteleuropa. Ergebnisse interdisziplinärer Zusammenarbeit zwischen Archäologie, Klimatologie, Biologie und Medizin. In: Fortschritte in der Paläopathologie und Osteoarchäologie 3 (1997).

Gollnisch, H. 1998: Die Haus- und Siedlungsstrukturen der spätestbronzezeitlichen Siedlung Uerschhausen Horn. Forschungen im Seebachtal 3. Archäologie in Thurgau 7 (Frauenfeld 1998).

Kolb, M. 1995: Die neolithische Siedlungskammer von Sipplingen – Unterwasserarchäologie in der Sipplinger Bucht 1978–1995. Archäologie unter Wasser 1. Archäologische Informationen aus Baden-Württemberg 33 (Stuttgart) 28–35.

Keefer, E. 1996: Rentierjäger und Pfahlbauern. 14 000 Jahre Leben am Federsee (Stuttgart).

Kolloquium der deutschen Forschungsgemeinschaft vom 29. – 30. März 1990 in Gaienhofen-Hemmenhofen 1990: Berichte Römisch-Germanische Kommission 71, 26–406.

Ruoff, U. 1995: Die Stein- und Bronzezeit. In: Geschichte des Kantons Zürich 1 (Zürich) 17–55.

Reinerth, H. 1929: Das Federseemoor als Siedlungsland des Vormenschen (Augsburg).

Schlichterle, H. 1990: Die Sondagen 1973–1978 in den Ufersiedlungen Hornstaad Hörnle I. Siedlungsarchäologie im Alpenvorland I (Stuttgart).

Schlichterle, H. (Hg.) 1997: Pfahlbauten rund um die Alpen (Stuttgart).

Winiger, J. u. Hasenfranz, A. 1985: Ufersiedlungen am Bodensee. Archäologische Untersuchungen im Kanton Thurgau 1981–1983. Antiqua 10 (Basel).

Zwischen Watt und Land: Erste Siedlungen in den Nordseemarschen

Bantelmann, A. 1975: Die frühgeschichtliche Marschensiedlung beim Elisenhof in Eiderstedt. Landschaftsgeschichte und Baubefunde. Studien Küstenarchäologie Schleswig-Holstein Ser. A, Elisenhof 1 (Bern – Frankfurt).

Behre, K.-E. 1987: Meeresspiegelschwankungen und Siedlungsgeschichte in den Nordseemarschen. Vorträge Oldenburgische Landschaft 17 (Oldenburg).

Meier, D. 1996: Landschaftsgeschichte und Siedlungsmuster von der römischen Kaiserzeit bis in das Mittelalter in den Küstengebieten Eiderstedts und Dithmarschens. Siedlungsforschung. Archäologie – Geschichte – Geographie 14, 245–276.

Meier, D. 2001: Landschaftsentwicklung und Siedlungsgeschichte des Eiderstedter und Dithmarscher Küstengebietes als Teilregionen des Nordseeküstenraumes. Teil 1 Die Siedlungen; Teil 2 Der Siedlungsraum. Untersuchungen der AG Küstenarchäologie des FTZ-Westküste. Universitätsforschungen zur Prähistorischen Archäologie 79 (Bonn).

Meier, D. 2003: Bauer, Bürger, Edelmann. Stadt und Land im Mittelalter (Ostfildern).

Und alles war vernichtet: Sturmfluten und Flussüberschwemmungen

Bantelmann, A. 1967: Die Landschaftsentwicklung an der schleswig-holsteinischen Westküste. Offa-Bücher 21 (Neumünster).

Bork, H.-R., Bork, H., Dalchow, C., Faust, B., Piorr, H.-P. u. Schatz, Th. 1998: Landschaftsentwicklung in Mitteleuropa. Wirkungen des Menschen auf Landschaften (Suttgart).

Jankrift, K. P. 2003: Brände, Stürme, Hungersnöte. Katastrophen in der mittelalterlichen Lebenswelt (Ostfildern).

Meier, D. 1998: Trutz Blanke Hans. Mittelalterlicher Deichbau und Existenzkampf an der Nordseeküste. In: Spindler, K. (Hg.), Mensch und Natur im mittelalterlichen Europa. Archäologische, historische und naturwissenschaftliche Befunde. Schriftenreihe Akademie Friesach 4 (Klagenfurt) 129–168.

Meier, D. 2001: Landschaftsentwicklung und Siedlungsgeschichte des Eiderstedter und Dithmarscher Küstengebietes als Teilregionen des Nordseeküstenraumes. Teil 1 Die Siedlungen; Teil 2 Der Siedlungsraum. Untersuchungen der

AG Küstenarchäologie des FTZ-Westküste. Universitätsforschungen zur Prähistorischen Archäologie 79 (Bonn).

Meier, D. 2002: Sturmfluten und ihre Auswirkungen auf die Nordseeküste. In: Lozán, J., Rachor, E., Reise, K., Sündermann, J. u. v. Westernhagen, H. (Hg.): Nordsee&Wattenmeer. Eine aktuelle Umweltbilanz. Wissenschaftliche Auswertungen (Hamburg) 29–33.

Nitz, H. J. 1984: Die mittelalterliche und frühneuzeitliche Besiedlung von Marsch und Moor zwischen Ems und Weser. Siedlungsforschung. Archäologie – Geschichte – Geographie 2, 1984, 43–77.

Pötzsch, C. G. 1784: Chronologische Geschichte der großen Wasserfluthen des Elbstromes seit tausend und mehr Jahren (Dresden).

Pötzsch, C. G. 1786: Nachtrag und Fortsetzung seiner chronologischen Geschichte der großen Wasserfluthen des Elbstromes seit tausend und mehr Jahren (Dresden).

Pötzsch, C. G. 1800: Zweyter Nachtrag und Fortsetzung seiner chronologischen Geschichte der großen Wasserfluthen des Elbstromes seit tausend und mehreren Jahren, von 1786 bis 1800, insbesondere der merkwürdigen Fluthen des Jahres 1799, und anderer darauf Bezug habenden Ereignisse (Dresden).

Prange, W. 1982: Eine Berechnung der mittelalterlichen Salzproduktion in Nordfriesland. Die Heimat, Heft 9, 296–302.

Prange, W. 1968/69: Alte mündliche Überlieferung aus Nordfriesland und ihre Verwendung bei geologischen und siedlungsgeschichtlichen Untersuchungen in der Marsch. Nordfriesisches Jahrbuch N. F. 4/5, 262–277.

Petrejus, P. 1710: Denkwürdigkeiten des Amtes Tondern, Bd. 3, Kap. III: Vom Saltzwesen in der Bökingharde des Amtes Tondern. Handschr. Manuskript 1710. Abgedruckt in: Lensch, M. (1908/09): Die Salzgewinnung in Nordfriesland. Jahrbuch Nordfriesischer Verein für Heimatkunde u. Heimatliebe, 45–68.

Unheimliche Landschaft: Vom Mooropfer zur Moorkultivierung

Borger, G. J. 1984: Die mittelalterliche und frühneuzeitliche Marschen- und Moorbesiedlung in den Niederlanden. Einige Bemerkungen zum Forschungsstand. Siedlungsforschung 2, 101–110.

Hofmeister, A. E. 1979: Besiedlung und Verfassung der Stader Elbmarschen im Mittelalter. Teil 1 Die Stader Elbmarschen vor der Kolonisation des 12. Jahrhunderts. Veröffentlichungen des Institutes für historische Landesforschung der Universität Göttingen 12 (Hildesheim).

Hofmeister, A. E. 1981: Besiedlung und Verfassung der Stader Elbmarschen im Mittelalter. Teil 2 Die Hollerkolonisation und die Landesgemeinden des Landes Kehdingen und Altes Land. Veröffentlichungen des Institutes für historische Landesforschung der Universität Göttingen 14 (Hildesheim).

Meier, D. 2001: Landschaftsentwicklung und Siedlungsgeschichte des Eiderstedter und Dithmarscher Küstengebietes als Teilregionen des Nordseeküstenraumes. Untersuchungen der AG Küstenarchäologie des FTZ-Westküste. Teil 1: Die Siedlungen; Teil 2: Der Siedlungsraum. Universitätsforschungen zur Prähistorischen Archäologie 79 (Bonn).

Overbeck, F. 1975: Botanisch-geologische Moorkunde unter besonderer Berücksichtigung der Moore Nordwestdeutschlands als Quellen zur Vegetations-, Klima- und Siedlungsgeschichte (Neumünster).

Wassermann, E. 1984: Reihensiedlungen in Aufstreck-Breitstreifenfluren im westlichen Ostfriesland. Zur Rekonstruktion der Primärformen der mittelalterlichen Binnenkolonisation im vermoorten Grenzbereich zwischen Marsch und Geest. Siedlungsforschung. Archäologie – Geschichte – Geographie 2, 111–122.

EXTREME UMWELTEN: NATUR- ODER KULTURLANDSCHAFTEN?

Borger, G. J., Haartsten, A., Vesters, P. u. Horsten, F. 1997: Het Groene Hart. Een Hollands cultuurlandschap (Utrecht).

Common Wadden Sea Secretariat (Hg.) 1988: Trilateraler Wattenmeerplan. Ministererklärung der Achten Trilateralen Regierungskonferenz zum Schutz des Wattenmeeres (Groningen).

Council of Europe 2000: European Landscape

Convention. European Treaty Series 176 (Bruxelles).

Déjeant-Pons, M. 2002: The European Landscape Convention, Florence. In: Fairclough, G. J. u. Rippon, S. (2002) 13–24.

Fairclough, G. J. (Hg.) 1999: Historic Landscape Characterization. Papers presented at an English Heritage seminar held at the Society of Antiquaries, 11. December 1998. English Heritage (London).

Fairclough, G. J. u. Rippon, S. 2002: Europe's Cultural Landscape: archaeologists and the management of change. Europae Archaeologiae Consilium 2 (Exeter).

Fairclough, G. J. 2002: Europe's landscape: archaeology, sustainability and agriculture. In: Fairclough, G. J. u. Rippon, S. (2002) 1–12.

Fairclough, G. J. 2002: Archaeologists and the European Landscape Convention. In: Ebd. 25–37.

Fischer, L. (Hg.) 1997: Kulturlandschaft Nordseemarschen (Husum).

Netherlands State Government 1999: The Belvedere Memorandum – a policy document examining the relationship between cultural history and spatial planning (The Hague).

Schenk, W., Fehn. K. u. Denecke, D. (Hg.) 1997: Kulturlandschaftspflege. Beiträge der Geographie zur räumlichen Planung (Stuttgart).

Pathways to European Cultural Landscapes: Webpage. www.pcl-eu.de.

Vollmer, M., Guldberg, M., Maluck, M., Marrewijk, D. van u. Schlicksbier, G. (2001): LANCEWAD. Landscape and Cultural Heritage in the Wadden Sea Region. Final report. Common Wadden Sea Secretariat (Wilhelmshaven).

Glossar

Almwirtschaft
Jahreszeitlich bedingter Auf- und Abtriebs des Viehs von einem Hof im Tal (Talgenossenschaft) zu einer Hochweide in den Alpen. Die während des Sommers bewohnten Hütten werden Almen genannt. Man unterscheidet Almen innerhalb der Waldgrenze (meist Rodungsalmen) von solchen oberhalb der Baumgrenze. Entsprechend der Höhe der Almen spricht man auch von Nieder- und Hochalmen. Die von den Almen aus genutzten Hochweiden werden in sog. Stafeln unterteilt. Die durch Beweidung veränderten Hochweiden werden alpine Matten genannt.

Ästuar
Von Salzwasser beeinflusstes Flussmündungsgebiet in das Meer.

Deich
Von Menschen errichteter dammartiger Erdwall mit einer Rasenabdeckung (Sodenabdeckung) gegen das Meer. Zunächst entstanden im 12. Jh. niedrige Sommerdeiche. Diese besaßen bereits flache See- und Landseiten. Später errichtete man größere Seedeiche, die auch den winterlichen Sturmfluten standhalten sollten. Vom 15. bis 18. Jh. wurden direkt an die See grenzenden Deiche mit einem hölzernen Stack befestigt. Da das Meer diese Holzkonstruktionen unterhöhlte, brachen diese Deiche oft. Seit dem 19. Jh. erhielten direkt an das Meer grenzende Deiche Steindossierungen. Die hinter den Seedeichen liegenden älteren Deiche bezeichnet man auch als Schlafdeiche.

Düne
Durch Wind entstandene Flugsandformation. Ebbe und Flut: Siehe Gezeiten.

Erosion
Abtragung von Gestein oder Sänden durch Eis, Wind, Flüsse oder das Meer (Abrasion).

Erz
Metallhaltiges Mineral, das meist bereits durch metallisches Aussehen oder hohes spezifisches Gewicht ausgezeichnet ist. Durch Aufbereitung der Erze lassen sich Metalle gewinnen.

Fehnsiedlung
Lang gezogene Siedlung einzelner Höfe zur Moorkultivierung. Von den Fehnsiedlungen (Moorsiedlungen, Moorhufensiedlungen) erstrecken sich lang gezogene Siedlungsreihen mit Aufstreckfluren in das Moor.

Flachsiedlung
Die Marschenarchäologie versteht darunter zu ebener Erde auf dem Marschboden angelegte Hofstellen einer Siedlung. Die Anlage von Flachsiedlungen in der unbedeichten Marsch war nur in Zeiten eines geringen Sturmfluteinflusses möglich. Zahlreiche Flachsiedlungen entstanden beispielsweise in den nordwestdeutschen Seemarschen um Chr. Geb. und im 7. Jh. n.Chr.

Gezeiten (Tiden)
Durch die Anziehungskraft des Mondes verursachte und regelmäßig alle 12 ½ Stunden wiederkehrende Meeresspiegelschwankung (Tidehochwasser, Tideniedrigwasser), die sich bis in der Unterläufe der in das Meer mündenden Flüsse auswirkt. Nach der Flut (Ansteigen des Wassers) folgt das Hochwasser, die Ebbe (Ablaufen des Wassers) und das Niedrigwasser. Der Tidenhub (Höhenunterschied zwischen Hoch- und Niedrigwasser) ist örtlich sehr verschieden.

Gletscher
Eisströme in Hochgebirgen und Polarländern. Die Gebirgsgletscher entstehen oberhalb der Schneegrenze in Mulden (Kar) oder auf Hochflächen. Aus seinem Nährgebiet fließt der Gletscher langsam bergab in sein Zehrgebiet. Durch die ausschürfende, erodierende Tätigkeit des Eises entstehen u-förmige Trogtäler. Anstehendes Gestein wird durch mitgeschobenes Geröll abgeschliffen. Unter dem Gletscher sammeln sich Schmelzwässer und treten aus seinem Ende, der Gletscherzunge, aus.

Glazial [lat. glacies – Eis]
Längerer Zeitraum kalten Klimas (Eiszeit) mit der Ausdehnung gewaltiger Eisschilde und Gletscher in Regionen außerhalb der Polgebiete. In der Erdgeschichte gab es mehrere Eiszeiten. Während der europäischen Glaziale schoben sich die skandinavischen Eismassen teilweise bis in das Rheinland vor (Saale Eiszeit); auch die Alpengletscher dehnten sich aus. Diese Kaltzeiten werden von wärmeren Zwischeneiszeiten getrennt.

Interglazial
Längerer Zeitraum warmen Klimas zwischen verschiedenen Eiszeiten.

Holozän
Zeitraum der jetzigen Nacheiszeit in der geologischen Gliederung. Das Holozän begann vor 12000 Jahren mit dem Ausgang des letzten Glazials, der Würmeiszeit.

Interstadial
Kurze Phase wärmeren Klimas während einer Kaltzeit.

Klei
Durch Wasser abgelagerte Sande und Tone der Marsch oder des Watts. Koog: Durch Deiche geschützte Marsch.

Mandränke
Die Katastrophenfluten von 1362 und 1634 an der Nordseeküste, bei denen es hohe Verluste an Menschen, Vieh, Orten, Kirchen und Feldern gab, werden erste und zweite Mandränke genannt.

Marsch
Aus Meeresablagerungen (Sande, Tone) entstandenes feinsandiges bis toniges Schwemmland. Die Salzwiesen wachsen unter natürlichen Bedingungen über dem Mittleren Tidehochwasser (MThw) auf (Anwachs). Die ältesten Seemarschen entstanden im schleswig-holsteinischen Küstengebiet etwa vor 2500 Jahren (alte Marsch). Seit der frühen Neuzeit förderte der Mensch die Entstehung von Marschen durch künstliche Neulandgewinnung.

Meeresspiegelanstieg
Seit dem Ende der letzten Vereisung vor 12000 Jahren ist der Meeresspiegel weltweit von einem Niveau von NN -120 m stark angestiegen. Seit etwa 7000 Jahren verflacht sich die Kurve und Meeresvorstöße (Transgressionen) wechseln sich mit Rückzügen des Meeres (Regressionen) ab. Zur Datierung des Meeresspiegelanstiegs lassen sich Torfe heranziehen, die jeweils Regressionen anzeigen. Das System der Trans- und Regressionen ist sehr kompliziert und kaum überregional anwendbar.

Mikrolithen
Kleinformatige Steingeräte, häufig Pfeilspitzen, wie sie während der mittleren Steinzeit (Mesolithikum) üblich waren.

Mittleres Tidehochwasser (MThw)
Mittelwert der Gezeitenhochwasser (Tidehochwasser). Das MThw läuft je nach Küstenform örtlich verschieden hoch auf.

Moräne
Französische Bezeichnung für allen Gesteinsschutt, den Gletscher mitführen oder ablagern. Je nach Lage der Schuttablagerungen lassen sich flachwellige oder kuppige Grundmoränen und hügelige Endmoränen unterscheiden. Die Gesteinschuttmassen an den Seiten der Gletscher bilden die Seitenmoränen. Stauchmoränen sind vom Eis zusammengedrückte Endmoränen. An die Moränen schließen sich ausgedehnte, von Schmelzwasserströmen durchzogene Sandergebiete an.

Nehrung
schmale, lang gestreckte Sandablagerungen an Flachmeerküsten. Meist an Moränen anschließende Nehrungen entziehen die dahinter liegenden flachen, lagunenartigen Gebiete dem direkten Meereseinfluss.

Normalnull (NN)
Grundlage aller Höhenvermessung, bezogen auf den Mittelwert des Meeresspiegels am Amsterdamer Pegel.

Podsol
Aus dem Russischen übernommener Ausdruck für einen Boden mit stark verarmten und versauerten oberen Bodenhorizonten.

Priel
Wasserlauf im Watt oder unbedeichten Marschland, der auch bei Tidennniedrigstand Wasser führt.

Quartär [frz.]
Jüngste geologische Formation, die vor 2,5 Millionen Jahren begann. Das Quartär zerfällt in ein Eiszeitalter (Pleistozän) und ein Nacheiszeitalter (Holozän).

Saetr Wirtschaft
Der Almwirtschaft ähnliche Wirtschaftsform mit jahreszeitlicher Pendelmigration des Viehs in Nordskandinavien (Norwegen, Schweden), den Inseln im europäischen Nordmeer (Färöer, Island) sowie auf Grönland.

Siel, Sielzug
Wasserabfluss von der Marsch in das Wattenmeer. Die Entwässerung in das Wattenmeer er-

folgt durch Siele (Durchlassbauwerke) im Seedeich. Sietland: Tieferes, binnenwärtiges, durch Stauwasser, Schilfdickicht und Moore gekennzeichnetes Marschgebiet.

Stadial
Kürzere Phase kalten Klimas während einer Warmzeit.

Stafel
schweiz. für Alpweide mit Hütte(n)

Sturmflut
Über das Mittlere Tidehochwasser auflaufender hoher Wasserstand an der Küste.

Subsistenzwirtschaft
aneignende Wirtschaftsform wie Jagen und Sammeln.

Terrassen
Durch in den Untergrund einschneidende Flüsse entstandene Talstufen. Nach der Lage zum Talboden werden Hoch-, Mittel- und Niederterrassen unterschieden.

Torf
Bei Mooren und Bruchwäldern abgelagerte und abgestorbene, nicht oder nur unvollständig zersetzte Pflanzenmasse.

Transhumanz
Alte Wirtschaftsform, in der Hirten dem Weidevieh folgen; in den Alpen trieben beispielsweise die Bauern des Südtiroler Schnalstals ihre Herden auf die Hochweiden des Ötztals. Im Unterschied zur Almwirtschaft gibt es kein fest gefügtes System zwischen Talgenossenschaft und Hochweidennutzung.

Trogtal
U-förmiges, durch einen Gletschervorstoß geschaffenes Tal.

Uferwall
In Flussniederungen oder unbedeichter Seemarsch das leicht erhöhte Ufer entlang der Küste oder an Wasserläufen und Prielen. Bei Hochfluten lagern sich hier die meisten vom Wasser mitgeführten Sedimente (Sande, Tone) ab. Die dahinter liegende, binnenwärtige Marsch, das feuchte Sietland, wird nicht mehr aufgehöht.

Warften/Wurten
Künstlich mit Klei und Mist aufgeworfener Wohnhügel in der Marsch, je nach Region unterschiedlich genannt.

Wattenmeer
Durch Gezeiten, Ebbe und Flut, geprägtes Meer. Die bei Ebbe trocken fallenden Watten entstehen nur an Flachmeerküsten.